Implementando um Departamento de Vendas Vencedor

Do Zero ao Avançado

Edição Revisada

Sumário

Para quem é esta obra?

Essa obra é indicada para empreendedores, gestores de empresas e profissionais que desejam criar e/ou aprimorar um departamento de vendas em suas organizações. Também é indicada para estudantes e profissionais da área de vendas que desejam se aprofundar em estratégias, técnicas e métodos para melhorar a performance de suas equipes e aumentar as vendas.

Por outro lado, essa obra pode não ser indicada para pessoas que não têm interesse em vendas, gestão de equipes ou empreendedorismo, já que aborda especificamente esses temas.

Introdução:

Se prepare para uma viagem ao interior do mundo das vendas. Direto ao ponto, sem enrolação. Os conceitos dessa obra irão mudar a sua maneira de pensar sobre vendas.

Não é um livro para ficar na estante do seu escritório. Esse conhecimento deve ser repassado diariamente para todos da equipe de vendas.

Cobrados, discutidos, reavaliados e até mesmo questionados, pois cada empresa precisa desenvolver sua própria cultura em vendas.

As vendas são a base de qualquer negócio bem-sucedido, e é por isso que construir um departamento de vendas eficiente é fundamental para o sucesso a longo prazo de uma empresa. Se você está começando do zero ou procurando melhorar sua equipe de vendas existente, este livro é para você.

"Implementando um Departamento de Vendas Vencedor: Do Zero ao Avançado" aborda todos os aspectos do processo de criação de uma equipe de vendas de sucesso. Desde a contratação de vendedores, treinamento e desenvolvimento, definição de metas, análise de mercado, estratégias de vendas, até o papel do marketing, atendimento ao cliente e liderança no sucesso da equipe de vendas.

Os capítulos deste livro foram cuidadosamente selecionados para fornecer um guia abrangente e prático para construir um departamento de vendas eficiente e vencedor, independentemente do tamanho da sua empresa ou setor de atuação.

Com a ajuda deste livro, você aprenderá como encontrar os candidatos certos, definir metas claras e alcançáveis, criar um pipeline de vendas efetivo, usar tecnologia para aumentar a eficiência da equipe de vendas, lidar com objeções dos clientes, desenvolver uma cultura de vendas na empresa e muito mais.

Os métodos e técnicas apresentados neste livro são baseados em anos de experiência e sucesso no mercado. Os capítulos foram escritos por especialistas em vendas e liderança de equipes de vendas de sucesso, e são repletos de exemplos práticos e casos reais.

Independentemente de onde você está em sua jornada empresarial, este livro fornecerá uma visão valiosa e um guia prático para ajudá-lo a construir um departamento de vendas vencedor e a se adaptar às mudanças do mercado em constante evolução. Não importa se você está apenas começando ou se já tem uma equipe de vendas estabelecida, "**Implementando um Departamento de Vendas Vencedor: Do Zero ao Avançado**" é o livro certo para ajudá-lo a alcançar o sucesso nas vendas.

A importância de construir um departamento de vendas eficiente

O departamento de vendas é fundamental para o sucesso de qualquer empresa, independentemente do seu tamanho ou segmento de atuação. É através da equipe de vendas que as empresas conseguem gerar receita e conquistar novos clientes, além de manter um relacionamento saudável com os clientes existentes.

Por isso, é fundamental construir um departamento de vendas eficiente, que seja capaz de atender às demandas do mercado e superar as expectativas dos clientes.

Para construir um departamento de vendas eficiente, é necessário seguir alguns passos importantes. O primeiro deles é a contratação de vendedores qualificados e motivados, que tenham o perfil adequado para atuar no segmento de atuação da empresa.

É importante que os candidatos sejam selecionados com critério, através de um processo de entrevista bem estruturado, que avalie não apenas a experiência e habilidades técnicas, mas também a personalidade, a capacidade de se comunicar e a capacidade de lidar com pressão e imprevistos.

Outro passo importante para construir um departamento de vendas eficiente é a definição de metas de vendas claras e alcançáveis. É importante que essas metas sejam realistas e alinhadas aos objetivos estratégicos da empresa, e que sejam acompanhadas de perto pelos gestores de vendas.

É importante também que a equipe de vendas tenha acesso a ferramentas e tecnologias que possam ajudá-los a alcançar essas metas, como softwares de gestão de vendas e CRM.

Além disso, é fundamental que a equipe de vendas seja treinada de forma adequada e eficiente. É importante que os vendedores conheçam bem o produto ou serviço que estão vendendo, além de técnicas de vendas eficientes, como SPIN Selling e AIDA. É importante que os vendedores também estejam atualizados em relação às tendências e inovações do mercado, e que tenham habilidades interpessoais desenvolvidas, como empatia e inteligência emocional.

A liderança também desempenha um papel fundamental no sucesso do departamento de vendas. É importante que os gestores de vendas sejam líderes inspiradores, que saibam motivar a equipe de vendas e manter um ambiente de trabalho saudável e produtivo.

É importante também que os gestores de vendas estejam dispostos a ouvir e a dar feedbacks construtivos para a equipe de vendas, para que possam melhorar continuamente.

Outro aspecto importante para construir um departamento de vendas eficiente é a análise de mercado. É fundamental que a empresa conheça bem o seu público-alvo e a sua concorrência, para que possa desenvolver estratégias de vendas eficientes e diferenciadas, que a empresa desenvolva personas para vendas, que ajudem a identificar as necessidades e desafios dos clientes, para que possam ser atendidos de forma eficiente.

É fundamental que a empresa desenvolva uma cultura de vendas, que valorize a importância do departamento de vendas para o sucesso da empresa. É importante que a empresa estabeleça objetivos e metas para a equipe de vendas, e que ofereça suporte e incentivos para que a equipe possa alcançá-los.

Além disso, um departamento de vendas eficiente permite que a empresa mantenha sua posição competitiva no mercado. Isso é particularmente importante em setores altamente competitivos, onde a aquisição de novos clientes e a retenção de clientes existentes é um fator crítico para o sucesso.

Um departamento de vendas bem-sucedido também pode ajudar a empresa a expandir seus negócios, aumentando sua participação de mercado e diversificando sua base de clientes.

No entanto, construir um departamento de vendas eficiente não é uma tarefa fácil. Requer um planejamento cuidadoso e uma abordagem estruturada, desde a contratação de vendedores talentosos até a implementação de processos e sistemas de vendas bem definidos.

A seguir, serão apresentados os principais conceitos e práticas que podem ajudar a empresa a construir um departamento de vendas eficiente e alcançar o sucesso em vendas.

Um dos principais pilares para se construir um departamento de vendas eficiente é a contratação de vendedores talentosos. Isso envolve identificar as habilidades e características que são necessárias para ser um vendedor de sucesso em sua empresa e, em seguida, avaliar cuidadosamente os candidatos para identificar aqueles que possuem essas habilidades e características.

É importante lembrar que um departamento de vendas eficiente depende em grande parte da qualidade dos vendedores que fazem parte dele.

Outro passo importante é estabelecer processos e sistemas bem definidos para apoiar a equipe de vendas. Isso inclui a definição de metas claras de vendas, a definição de critérios de sucesso para a equipe de vendas e a implementação de um sistema de gestão de vendas que possa ajudar a gerenciar e monitorar o desempenho da equipe.

Também é importante fornecer treinamento e suporte contínuos aos vendedores para ajudá-los a aprimorar suas habilidades e a adquirir novos conhecimentos.

Além disso, a análise de mercado é um elemento crítico para o sucesso do departamento de vendas. É importante entender o mercado-alvo e a concorrência para identificar oportunidades de vendas e desenvolver estratégias de vendas eficazes.

Isso envolve a criação de personas de compradores e a segmentação do mercado com base em características-chave, como comportamentos, necessidades e preferências.

Outro aspecto fundamental é a criação de um pipeline de vendas eficiente e o uso de técnicas de qualificação de leads para maximizar as chances de sucesso em vendas. Isso envolve a identificação de clientes em potencial e a qualificação desses leads com base em critérios bem definidos, como o perfil do comprador e o orçamento disponível. Também é importante acompanhar e gerenciar esses leads ao longo do ciclo de vendas para garantir que sejam convertidos em vendas.

Por fim, é importante lembrar que o sucesso em vendas não é apenas sobre técnicas e processos, mas também sobre pessoas e relacionamentos. Um departamento de vendas eficiente deve ser liderado por líderes inspiradores e motivadores, capazes de criar uma cultura de vendas forte e uma equipe coesa e equipada com habilidades interpessoais sólidas, como comunicação eficiente e trabalho em equipe priorizando o bem estar da empresa e o batimento de metas.

Contratação de vendedores: como encontrar os candidatos certos

A contratação de vendedores é um dos aspectos mais críticos para a construção de um departamento de vendas eficiente. Afinal, o sucesso de uma equipe de vendas depende em grande parte das habilidades e atitudes dos membros da equipe.

Para encontrar os candidatos certos, é importante começar definindo os requisitos de habilidades e experiência necessários para a posição. Isso pode incluir habilidades de comunicação, capacidade de negociação, conhecimento técnico do produto ou serviço, experiência em vendas e assim por diante.

No entanto, não basta apenas procurar candidatos com as habilidades e experiência certas. Também é crucial encontrar pessoas que se encaixem bem na cultura da empresa e na equipe de vendas. Afinal, um ambiente de trabalho positivo e colaborativo pode ter um impacto significativo na produtividade e no desempenho da equipe.

Uma das maneiras mais eficazes de encontrar candidatos é por meio de referências de outros funcionários, clientes ou parceiros de negócios. Além disso, o uso de sites de emprego e redes sociais pode ser útil para alcançar um grande número de candidatos.

Ao entrevistar candidatos, é importante fazer perguntas que permitam avaliar suas habilidades e experiência em vendas, bem como sua capacidade de se adaptar e aprender rapidamente. Também é importante avaliar as atitudes e comportamentos do candidato, como sua ética de trabalho, confiança e capacidade de trabalhar em equipe.

Outra abordagem que pode ser eficaz é a realização de testes de vendas ou simulações de vendas durante o processo de entrevista. Isso permite avaliar as habilidades práticas do candidato em um ambiente controlado.

No entanto, a contratação de vendedores não deve ser um processo único. É importante investir no desenvolvimento e treinamento contínuo da equipe de vendas, bem como estabelecer um processo de revisão regular para avaliar o desempenho dos membros da equipe e fornecer feedback construtivo.

Portanto, a contratação de vendedores é uma parte essencial da construção de um departamento de vendas eficiente. Ao definir os requisitos de habilidades e experiência, encontrar candidatos que se encaixem bem na cultura da empresa e avaliar suas habilidades e atitudes por meio de entrevistas e testes de vendas, é possível construir uma equipe de vendas forte e bem-sucedida.

No entanto, é importante lembrar que a contratação de vendedores é apenas o começo do processo de construção de um departamento de vendas eficiente, e que é necessário investir no desenvolvimento contínuo da equipe para alcançar resultados sustentáveis a longo prazo.

A importância em profissionalizar os processos de contratação.

A escolha do candidato certo para uma posição de vendas pode ser um processo caro e cheio de imprevistos. É preciso encontrar alguém que tenha as habilidades técnicas necessárias para a função, bem como a personalidade e a motivação para se destacar na área de vendas.

Muitas empresas optam por terceirizar o processo de contratação de vendas para agências especializadas em recrutamento e seleção. Embora essas agências possam ser úteis para preencher rapidamente vagas em aberto, elas podem não ser a melhor opção para empresas que desejam profissionalizar seus processos de contratação.

É aqui que entra o papel do departamento de recursos humanos ou dos gestores de pessoas na escolha de novos vendedores. Profissionais de RH são responsáveis por avaliar as habilidades e a personalidade dos candidatos de forma mais completa e estratégica, tendo em conta os valores da empresa e as características desejadas no candidato.

Ao ter um departamento de RH especializado e bem estruturado, a empresa pode identificar e selecionar os candidatos ideais para a função de vendas, além de ter a possibilidade de criar estratégias de recrutamento de talentos que possam preencher as lacunas do departamento e da empresa como um todo.

A contratação de um vendedor errado pode custar caro para a empresa. Além dos custos financeiros diretos, como os honorários da agência de recrutamento, há também o tempo e o esforço envolvidos em treinar e integrar o novo funcionário na equipe de vendas. Além disso, a contratação de um vendedor que não se encaixa na cultura da empresa pode afetar negativamente a equipe de vendas como um todo, e até mesmo afetar a reputação da empresa.

Um departamento de RH eficaz pode ajudar a mitigar esses riscos. Ao profissionalizar o processo de contratação de vendas, as empresas podem garantir que estão selecionando candidatos que atendem aos requisitos de competência técnica e personalidade desejados. Além disso, um departamento de RH pode desenvolver um processo de integração efetivo para garantir que o novo funcionário esteja totalmente integrado na equipe de vendas.

A contratação de um vendedor é um processo importante para a empresa. É essencial ter em mente que a contratação certa pode ser um grande trunfo para a empresa, enquanto uma contratação errada pode ser extremamente prejudicial. A profissionalização dos processos de contratação, por meio da contratação de profissionais de RH qualificados e experientes, pode ser uma solução valiosa para garantir que a empresa esteja contratando os melhores vendedores possíveis.

Como ter sucesso no processo de seleção dos candidatos

A escolha do candidato certo para uma posição de vendas pode ser um processo desafiador. É preciso encontrar alguém que tenha as habilidades técnicas necessárias para a função, bem como a personalidade e a motivação para se destacar na área de vendas.

Muitas empresas optam por terceirizar o processo de contratação de vendas para agências especializadas em recrutamento e seleção. Embora essas agências possam ser úteis para preencher rapidamente vagas em aberto, elas podem não ser a melhor opção para empresas que desejam profissionalizar seus processos de contratação.

É aqui que entra o papel do departamento de recursos humanos ou dos gestores de pessoas na escolha de novos vendedores. Profissionais de RH são responsáveis por avaliar as habilidades e a personalidade dos candidatos de forma mais completa e estratégica, tendo em conta os valores da empresa e as características desejadas no candidato.

Ao ter um departamento de RH especializado e bem estruturado, a empresa pode identificar e selecionar os candidatos ideais para a função de vendas, além de ter a possibilidade de criar estratégias de recrutamento de talentos que possam preencher as lacunas do departamento e da empresa como um todo.

A contratação de um vendedor errado pode custar caro para a empresa. Além dos custos financeiros diretos, como os honorários da agência de recrutamento, há também o tempo e o esforço envolvidos em treinar e integrar o novo funcionário na equipe de vendas.

Além disso, a contratação de um vendedor que não se encaixa na cultura da empresa pode afetar negativamente a equipe de vendas como um todo, e até mesmo afetar a reputação da empresa.

Um departamento de RH eficaz pode ajudar a mitigar esses riscos. Ao profissionalizar o processo de contratação de vendas, as empresas podem garantir que estão selecionando candidatos que atendem aos requisitos de competência técnica e personalidade desejados. Além disso, um departamento de RH pode desenvolver um processo de integração efetivo para garantir que o novo funcionário esteja totalmente integrado na equipe de vendas.

A contratação de um vendedor é um processo importante para a empresa. É essencial ter em mente que a contratação certa pode ser um grande trunfo para a empresa, enquanto uma contratação errada pode ser extremamente prejudicial.

A profissionalização dos processos de contratação, por meio da contratação de profissionais de RH qualificados e experientes, pode ser uma solução valiosa para garantir que a empresa esteja contratando os melhores vendedores possíveis.

Sugestões de perguntas para entrevista de emprego do vendedor

Aqui estão algumas perguntas que podem ser feitas durante a entrevista.

Caberá ao entrevistador organizar quais farão mais sentido de acordo com o perfil do candidato e vaga.

1. Como você se mantém atualizado sobre o mercado e a concorrência?
2. Como você gerencia seu tempo para alcançar suas metas de vendas?
3. Como você aborda um cliente potencial que está indeciso sobre a compra?
4. Como você lida com objeções de clientes?
5. Como você se prepara para uma reunião com um cliente em potencial?
6. Você possui experiências com vendas on-line?
7. Nos conte algumas experiências que você teve prospectando clientes
8. Você prefere atender seus clientes pessoalmente, por telefone ou por vídeo conferencia?
9. Como você aborda a abordagem consultiva de vendas?

10. Qual é o seu processo de qualificação de leads?

11. Como você gerencia sua carteira de clientes?

12. Como você usa as mídias sociais para gerar vendas?

13. Como você lida com a rejeição em vendas?

14. Como você mantém a motivação em tempos de desafios de vendas?

15. Como você constrói relacionamentos com clientes em potencial?

16. Como você gerencia o follow-up com leads?

17. Como você lidaria com um cliente insatisfeito?

18. Como você se comunica com diferentes tipos de clientes?

19. Como você prioriza sua lista de tarefas diárias de vendas?

20. Como você mede o sucesso em vendas?

21. Como você se adapta a diferentes estilos de comunicação dos clientes?

22. Como você usa dados para tomar decisões de vendas?

23. Como você lida com a pressão em vendas?

24. Como você define o sucesso em vendas?

25. Como você lidaria com uma situação em que o cliente não pode pagar o valor total do produto?

26. Como você usa técnicas de negociação em vendas?

27. Como você define e estabelece metas de vendas?

28. Como você aborda a construção de relacionamentos com clientes a longo prazo?

29. Como você lida com a concorrência em vendas?

30. Como você lidaria com um cliente que tem um problema técnico com o produto?

31. Como você usa *storytelling* em vendas?

32. Como você lidaria com um cliente que quer uma solução personalizada?

33. Como você lida com a incerteza em vendas?

34. Como você desenvolve um pipeline de vendas eficaz?

35. Como você define sua estratégia de preços?

36. Como você usa o marketing para gerar leads de vendas?

37. Como você aborda as necessidades e desejos do cliente?

38. Como você lida com uma situação em que o cliente não está satisfeito com o produto?

39. Como você estabelece e mantém sua rede de contatos em vendas?

40. Como você usa o e-mail marketing em vendas?

41. Como você usa a gamificação para aumentar a produtividade em vendas?

42. Como você se adapta a diferentes personalidades dos clientes?

43. Como você lida com a mudança em vendas?

44. Como você usa a análise SWOT para avaliar oportunidades de vendas?

45. Como você se adapta a diferentes culturas empresariais?

46. Como você lida com a rejeição em vendas?

47. Como você usa o networking para gerar leads de vendas?

48. Como você lida com a procrastinação em vendas?

49. Como você usa o humor em vendas?

50. Como você lida com as expectativas dos clientes?

Como captar currículos ideais?

Divulgar uma vaga de vendedor é uma etapa crucial para atrair os melhores candidatos e aumentar as chances de sucesso na contratação. Para isso, é importante saber quais são os principais canais de divulgação e como utilizá-los adequadamente.

Site da empresa: uma das principais formas de divulgar uma vaga de vendedor é por meio do site da empresa. É importante que a vaga esteja claramente descrita, com informações sobre as principais responsabilidades e requisitos para o cargo.

Redes sociais: outra opção é utilizar as redes sociais da empresa para divulgar a vaga. É possível criar postagens nas principais redes sociais, como LinkedIn, Facebook, Twitter e Instagram, utilizando hashtags relacionadas à área de vendas.

Portais de emprego: os portais de emprego são excelentes canais para divulgar vagas de vendedor. Alguns exemplos são: Catho, InfoJobs, Indeed, entre outros.

Indicação de funcionários: outra forma de divulgar a vaga é por meio da indicação de funcionários. Eles podem compartilhar a vaga em suas redes sociais e indicar pessoas de seu círculo de relacionamentos.

Headhunters: os headhunters são profissionais especializados em encontrar talentos para as empresas. Eles podem ajudar a encontrar candidatos qualificados e que atendam aos requisitos da vaga.

Ao divulgar uma vaga de vendedor, é importante utilizar uma linguagem clara e objetiva, destacando os principais requisitos e benefícios oferecidos pela empresa. Além disso, é importante definir um prazo para a inscrição dos candidatos e estabelecer um processo seletivo eficiente para garantir a contratação dos melhores profissionais

Por que o LinkedIn é tão relevante no processo seletivo?

O LinkedIn é uma plataforma profissional de rede social que possui mais de 740 milhões de usuários em todo o mundo, sendo que muitos deles são profissionais altamente qualificados em suas áreas de atuação, incluindo vendedores.

Por ser uma rede social voltada para o mundo dos negócios, o LinkedIn é um canal ideal para empresas que desejam encontrar bons vendedores e outros profissionais para suas equipes.

Uma das principais razões para o LinkedIn ser uma boa opção para encontrar vendedores é que a plataforma permite que os recrutadores e empregadores procurem candidatos específicos por meio de filtros avançados de pesquisa. Isso significa que as empresas podem encontrar vendedores com habilidades específicas, experiência em determinadas indústrias ou com outras características relevantes para a função.

Além disso, o LinkedIn oferece uma ampla gama de recursos para recrutadores e empresas anunciarem suas vagas, como as atualizações de status e as postagens patrocinadas. Isso permite que as empresas alcancem um grande número de usuários da plataforma e, assim, aumentem suas chances de encontrar bons vendedores.

Outro motivo para o LinkedIn ser uma boa opção para encontrar vendedores é que a plataforma oferece um ambiente onde é possível avaliar o perfil dos candidatos de forma mais completa do que em outras redes sociais ou plataformas de emprego.

O LinkedIn permite que os usuários publiquem seus currículos, habilidades, experiências, recomendações de colegas e muito mais. Dessa forma, as empresas podem avaliar com mais detalhes as habilidades e competências dos candidatos antes de chamá-los para uma entrevista.

Por fim, o LinkedIn também permite que as empresas entrem em contato diretamente com os candidatos e iniciem conversas através da plataforma. Isso permite uma interação mais direta com os candidatos e pode ajudar a agilizar o processo de recrutamento.

Se trata de um canal importante para encontrar bons vendedores porque permite que as empresas encontrem candidatos altamente qualificados por meio de filtros de pesquisa avançados, oferece recursos de publicidade para maximizar o alcance das vagas, oferece informações completas sobre os candidatos e permite uma interação direta entre recrutadores e candidatos.

Definindo os critérios de sucesso para o departamento de vendas

Sem uma meta clara e bem definida, os vendedores podem se perder no meio do caminho e não atingir os resultados esperados. Neste capítulo, vamos abordar conceitos validados pelos grandes *best sellers* do mercado de vendas, além de conceitos modernos e dinâmicos para ajudar a definir os critérios de sucesso para um departamento de vendas vencedor.

Os critérios de sucesso devem ser estabelecidos com base nos objetivos estratégicos da empresa. Ou seja, o que se espera do departamento de vendas em termos de resultados financeiros e de crescimento. Esses objetivos devem ser claros, mensuráveis e alcançáveis, para que possam ser monitorados e ajustados ao longo do tempo.

Um dos conceitos modernos e dinâmicos para definir os critérios de sucesso é a utilização do framework **OKR (Objectives and Key Results)**. Essa metodologia tem sido amplamente utilizada por empresas de tecnologia, mas pode ser aplicada em qualquer tipo de negócio. O OKR consiste em estabelecer objetivos ambiciosos, porém alcançáveis, e definir os resultados-chave (*key results*) que levarão ao alcance desses objetivos.

Outra abordagem interessante é a utilização de indicadores de performance (KPIs - *Key Performance Indicators*) específicos para o departamento de vendas. Esses indicadores devem ser selecionados com base nos objetivos da empresa e no processo de vendas. Alguns exemplos de KPIs para um departamento de vendas incluem: número de vendas realizadas, tempo médio para fechamento de uma venda, ticket médio das vendas, taxa de conversão de leads em vendas, entre outros.

Além disso, é importante estabelecer metas individuais para cada vendedor, com base nos critérios de sucesso definidos para o departamento de vendas. Essas metas devem ser desafiadoras, mas realistas, e devem levar em consideração o perfil e a experiência de cada vendedor. É importante também oferecer um plano de comissão atrativo, que incentive o vendedor a buscar o alcance das metas estabelecidas.

Outro conceito importante na definição de critérios de sucesso para um departamento de vendas é a importância da cultura da empresa. Os critérios de sucesso devem estar alinhados com os valores e a missão da empresa. Os vendedores devem se sentir motivados e engajados com os objetivos do departamento de vendas e da empresa como um todo.

É importante monitorar constantemente os critérios de sucesso e os KPIs estabelecidos para o departamento de vendas. Através da análise desses indicadores, é possível identificar pontos de melhoria e ajustar as metas e os objetivos ao longo do tempo.

A criação de um departamento de vendas vencedor requer um planejamento cuidadoso e a definição clara dos critérios de sucesso. Com uma equipe motivada e alinhada com os objetivos da empresa, os resultados positivos são apenas questão de tempo.

Como treinar os vendedores novos e garantir um *onboarding* efetivo

O processo de integração de novos colaboradores na empresa precisa acontecer de forma organizada, demostrando clareza e procurando esclarecer todas as dúvidas que possam surgir. É importante que as empresas criem um programa de treinamento que leve em consideração as necessidades específicas dos novos vendedores e os ajude a se adaptar ao ambiente de trabalho, sistemas, processos e cultura da empresa.

Um dos primeiros passos é fornecer um manual de boas-vindas, que deve incluir informações básicas sobre a empresa, como a história, os valores, a missão e a visão, além de informações sobre o mercado em que atua e seus principais concorrentes. É importante que o manual seja claro e objetivo, e que forneça as informações necessárias para que o novo colaborador se sinta confortável no ambiente de trabalho.

O próximo passo é o treinamento em si, que pode ser feito de várias maneiras, desde aulas presenciais até vídeos online e tutoriais. O treinamento deve ser personalizado para cada novo colaborador, levando em conta suas habilidades e conhecimentos prévios, além de focar em áreas específicas que ele precisará dominar para realizar suas tarefas com eficiência.

Um dos principais pontos a serem abordados durante o treinamento é a cultura da empresa, que inclui a forma como a empresa se comunica, as práticas de trabalho, os valores, entre outros aspectos. É importante que o novo colaborador entenda a cultura da empresa desde o início, para que possa se adaptar facilmente ao ambiente de trabalho e se sinta integrado com os demais colaboradores.

Outro aspecto importante a ser abordado é o uso dos sistemas e ferramentas da empresa, como o CRM, softwares de gestão, entre outros. É fundamental que o novo colaborador aprenda a utilizar essas ferramentas desde o início, para que possa desempenhar suas funções com eficiência e facilidade.

Além do treinamento formal, é importante que os novos vendedores tenham um mentor ou um colega mais experiente que possa ajudá-los a se adaptar ao ambiente de trabalho e tirar suas dúvidas. O mentor deve ser um colaborador com bom desempenho e experiência na empresa, que possa compartilhar suas experiências e conhecimentos com o novo colaborador.

O processo de onboarding não deve ser visto como uma única etapa, mas sim como um processo contínuo, que pode durar de algumas semanas a alguns meses. É importante que a empresa continue acompanhando o desempenho do novo colaborador, fornecendo feedbacks e suporte sempre que necessário.

Para garantir um onboarding efetivo dos novos vendedores, é necessário criar um programa de treinamento personalizado, que leve em conta as necessidades específicas de cada colaborador, além de abordar aspectos como a cultura da empresa, o uso de sistemas e ferramentas e a integração com os demais colaboradores.

O processo de onboarding deve ser contínuo, com acompanhamento e feedbacks constantes para garantir a efetividade e o sucesso dos vendedores na empresa.

O papel da liderança no sucesso do departamento de vendas

Uma equipe de vendas de sucesso é construída a partir de uma liderança forte e motivadora. É papel do líder criar um ambiente de trabalho positivo e colaborativo, estimular a equipe a atingir metas desafiadoras e manter um alto nível de engajamento e motivação.

Para ser um líder efetivo no departamento de vendas, é necessário possuir algumas habilidades e características-chave. Em primeiro lugar, é importante ser um bom comunicador, saber ouvir e dar feedback de forma clara e objetiva. É preciso também ter uma visão estratégica e saber definir objetivos e metas claras para a equipe. Além disso, é importante ter empatia e ser capaz de se colocar no lugar dos colaboradores, entender suas necessidades e preocupações.

Um dos principais desafios para a liderança no departamento de vendas é manter a equipe motivada e engajada. Para isso, é importante adotar uma abordagem de liderança transformacional, que busca inspirar e motivar os colaboradores a dar o melhor de si e alcançar seu potencial máximo. Isso pode ser feito por meio de reconhecimento e recompensas, como bonificações e comissões, além de um ambiente de trabalho positivo e colaborativo.

Outra forma de motivar a equipe é por meio do desenvolvimento profissional e treinamento contínuo. O líder deve estar sempre em busca de novas oportunidades de aprendizado e desenvolvimento para sua equipe, seja por meio de treinamentos formais ou *mentoring* e *coaching*.

No processo de onboarding de novos vendedores, é fundamental que a liderança esteja presente e ativa. É importante que o novo colaborador se sinta acolhido e bem-vindo desde o primeiro dia de trabalho. O líder deve se apresentar, explicar as expectativas e os objetivos da empresa e da equipe, além de apresentar a cultura organizacional e os valores da empresa.

Durante o período de adaptação, o líder deve fornecer feedbacks construtivos e estar disponível para esclarecer dúvidas e fornecer suporte. É importante que o novo colaborador entenda os processos de vendas, as ferramentas utilizadas pela equipe e as estratégias adotadas pela empresa.

Um líder efetivo deve ter habilidades de comunicação, visão estratégica e empatia, além de adotar uma abordagem de liderança transformacional que inspire e motive a equipe. O desenvolvimento profissional e o treinamento contínuo são fundamentais para manter a equipe engajada e motivada, e a presença ativa da liderança no processo de onboarding é essencial para garantir uma adaptação efetiva do novo colaborador.

Como definir metas de vendas claras e alcançáveis

As metas de vendas são o guia que direciona a equipe de vendas para alcançar os objetivos da empresa, seja no curto, médio ou longo prazo. No entanto, definir metas de vendas claras e alcançáveis não é uma tarefa fácil. É necessário que os líderes de vendas tenham um profundo conhecimento do negócio, da equipe e do mercado em que estão inseridos.

A importância das metas de vendas

Antes de entrarmos nos conceitos modernos de definição de metas de vendas, é importante entender por que elas são tão importantes. As metas de vendas ajudam a equipe a visualizar o caminho que devem seguir para alcançar os objetivos da empresa. Elas criam um senso de direção, aumentam a motivação da equipe e ajudam a monitorar o desempenho de cada membro.

As metas também são importantes para a empresa como um todo. Elas ajudam a controlar o fluxo de caixa, prever as vendas futuras e avaliar a performance da equipe de vendas. Além disso, as metas de vendas podem ser usadas como um indicador de desempenho para o departamento de vendas, permitindo que os líderes tomem decisões estratégicas baseadas em dados concretos.

Definindo as metas de vendas

A definição de metas de vendas claras e alcançáveis é um processo que deve envolver toda a equipe de vendas e, é claro, a liderança. As metas devem ser desafiadoras o suficiente para motivar a equipe, mas não tão difíceis que se tornem inalcançáveis.

Para definir as metas de vendas, é importante entender a capacidade da equipe e do mercado em que estão inseridos. Isso significa analisar os resultados passados, a capacidade produtiva da equipe, a situação econômica do mercado e a demanda do produto ou serviço oferecido.

É importante também definir metas de vendas individuais e coletivas. As metas individuais são importantes para que cada membro da equipe tenha um senso de responsabilidade e saiba exatamente o que é esperado dele. As metas coletivas, por outro lado, ajudam a criar um senso de equipe e colaboração.

Métodos modernos de mensuração de resultados

Além de definir as metas de vendas, é necessário também mensurar os resultados para verificar se as metas estão sendo alcançadas. Existem diversos métodos modernos de mensuração de resultados, como as OKRs (Objectives and Key Results), que são amplamente utilizadas no mundo empresarial.

As OKRs são uma ferramenta simples e eficaz para mensurar resultados e acompanhar o desempenho da equipe. Elas consistem em definir objetivos claros e quantificáveis, juntamente com indicadores-chave de desempenho (KPIs). Dessa forma, é possível mensurar o progresso e ajustar

Análise de mercado: entendendo seu público-alvo e concorrência

Entender o seu público-alvo e a concorrência é essencial para que as vendas sejam realizadas de maneira efetiva, com maior chance de sucesso. Neste capítulo, vamos abordar de forma detalhada como realizar essa análise e quais são os principais aspectos a serem considerados.

Em primeiro lugar, é importante definir o que é o público-alvo. Trata-se do grupo de pessoas ou empresas que possuem perfil e necessidades similares e, por isso, são mais propensos a se interessar pelos produtos ou serviços que você oferece. Para entender esse público, é necessário analisar suas características demográficas, comportamentais e psicográficas.

As características demográficas incluem dados como idade, gênero, renda, escolaridade e localização geográfica. As comportamentais se referem a hábitos de consumo, frequência de compras, preferências e fidelidade à marca. Já as características psicográficas são mais subjetivas e envolvem aspectos como personalidade, valores e estilo de vida.

Ao conhecer melhor o público-alvo, é possível identificar suas necessidades e desejos, bem como as principais barreiras que impedem a realização da compra. Com base nessas informações, é possível desenvolver estratégias de marketing mais efetivas e personalizadas, que aumentem as chances de conversão.

Outro ponto importante na análise de mercado é a concorrência. É fundamental conhecer os seus concorrentes, seus pontos fortes e fracos, bem como suas estratégias de marketing e vendas. É importante entender o que eles estão fazendo de diferente, o que estão oferecendo e como estão se comunicando com o público-alvo.

Com essas informações em mãos, é possível desenvolver uma estratégia de diferenciação, com produtos e serviços que sejam únicos e ofereçam um valor percebido maior do que os da concorrência. Também é possível criar estratégias de preço, promoção e distribuição que sejam mais efetivas e que permitam se destacar em relação aos concorrentes.

Além de entender o público-alvo e a concorrência, é importante lembrar que existem diferenças fundamentais na abordagem de clientes B2C (*business to consumer*) e B2B (*business to business*). No B2C, a comunicação deve ser mais emocional e envolvente, focando nos benefícios do produto ou serviço para o cliente. Já no B2B, a comunicação deve ser mais racional e objetiva, com foco na solução de problemas e na entrega de valor para a empresa.

Por fim, é importante lembrar que o público pode ser dividido em público quente e público frio. O público quente é formado por pessoas que já demonstraram interesse nos seus produtos ou serviços, como aqueles que se cadastraram em seu site ou que entraram em contato com a empresa. Já o público frio é formado por pessoas que ainda não conhecem a sua empresa ou que não demonstraram interesse até o momento.

Para o público quente, é importante criar estratégias de nutrição de leads, com comunicações personalizadas que incentivem a conversão. Já para o público frio, é necessário investir em ações de marketing mais amplas, que permitam ampliar o alcance do público e consequentemente, o interesse do um número maior de oportunidades.

A importância da aplicação da Matriz de SWOT

Fonte: https://scopi.com.br/es/blog/analise-swot/

A matriz de SWOT é uma ferramenta poderosa que pode ser usada no processo de desenvolvimento e aprimoramento de um departamento de vendas vencedor. Essa ferramenta de análise, cujas iniciais representam **Forças** (*Strengths*), **Fraquezas** (*Weaknesses*), **Oportunidades** (*Opportunities*) e **Ameaças** (*Threats*), pode ajudar a identificar os pontos fortes e fracos da equipe de vendas, bem como as oportunidades e ameaças presentes no ambiente de negócios.

A aplicação da matriz de SWOT no departamento de vendas começa com a identificação das forças da equipe. Esses pontos fortes podem incluir habilidades de comunicação excepcionais, experiência no setor, conhecimento do produto ou relacionamentos sólidos com clientes existentes. Ao reconhecer e valorizar essas forças, você pode garantir que elas sejam aproveitadas ao máximo e utilizadas como base para o sucesso.

As fraquezas também devem ser identificadas e abordadas. Pode ser que alguns membros da equipe tenham dificuldade em lidar com objeções, gerenciar seu tempo de maneira eficaz ou se adaptar a novas tecnologias. Ao identificar essas áreas de melhoria, é possível fornecer treinamento e apoio específicos para ajudar os membros da equipe a superarem essas barreiras e se tornarem mais eficazes em suas funções.

As oportunidades são aspectos externos que podem ser explorados para melhorar o desempenho do departamento de vendas. Essas oportunidades podem incluir novos mercados, mudanças nas necessidades do cliente ou inovações tecnológicas. Ao identificar e aproveitar essas oportunidades, você pode posicionar sua equipe de vendas para o sucesso a longo prazo.

As ameaças são fatores externos que podem prejudicar o desempenho do departamento de vendas. Essas ameaças podem incluir a crescente concorrência, mudanças regulatórias ou a diminuição da demanda por um produto específico. Ao identificar essas ameaças e desenvolver estratégias para mitigá-las, você pode ajudar a proteger o departamento de vendas e garantir sua viabilidade no futuro.

Ao aplicar a matriz de SWOT no contexto do departamento de vendas, você pode obter uma compreensão abrangente das áreas em que sua equipe é bem-sucedida e das áreas que precisam ser aprimoradas.

Isso permite que você desenvolva um plano de ação eficaz para impulsionar o sucesso e criar um departamento de vendas verdadeiramente vencedor. Lembre-se de revisitar a matriz de SWOT regularmente, à medida que o ambiente de negócios e as necessidades da equipe evoluem, garantindo assim a contínua adaptação e melhoria.

Manter a matriz de SWOT atualizada e relevante é essencial para garantir que seu departamento de vendas permaneça ágil e adaptável às mudanças no mercado. Para fazer isso, é importante estabelecer um processo de revisão periódica da matriz, envolvendo todos os membros da equipe de vendas. Isso garantirá que todos estejam alinhados e trabalhando em direção aos mesmos objetivos.

Ao longo do processo de revisão, incentive os membros da equipe a compartilhar suas percepções e experiências. Isso permitirá que você identifique tendências emergentes, novas oportunidades e potenciais ameaças que talvez não sejam imediatamente aparentes.

Além disso, o envolvimento da equipe no processo de revisão da matriz de SWOT também ajuda a aumentar a motivação e o comprometimento de todos com a estratégia de vendas.

Quando estiverem identificadas as mudanças relevantes na matriz de SWOT, é crucial ajustar seu plano de ação para abordar essas mudanças. Isso pode envolver a implementação de novos treinamentos, a busca de novos mercados ou o desenvolvimento de estratégias para enfrentar a crescente concorrência.

Ao adaptar seu plano de ação com base nas informações coletadas durante a revisão da matriz de SWOT, você estará garantindo que seu departamento de vendas continue evoluindo e se adaptando às mudanças do mercado.

Além disso, é fundamental comunicar claramente as alterações no plano de ação aos membros da equipe de vendas. Certifique-se de que todos compreendam os ajustes realizados e o impacto dessas mudanças nas metas e objetivos gerais da equipe. Isso ajudará a garantir que todos os membros da equipe estejam trabalhando em conjunto e focados nos objetivos corretos.

A aplicação da matriz de SWOT no departamento de vendas é uma maneira valiosa de identificar forças, fraquezas, oportunidades e ameaças. Revisar e ajustar regularmente a matriz de SWOT e o plano de ação associado é fundamental para garantir que seu departamento de vendas se adapte às mudanças do mercado e continue evoluindo.

Ao envolver a equipe no processo de revisão e ajustar as estratégias com base nas informações coletadas, você estará criando um ambiente propício para o sucesso e a excelência em vendas.

Entendendo o Funil de Vendas

Fonte: https://blog.lahar.com.br/vendas/o-que-e-funil-de-vendas-etapas/

O funil de vendas é uma das ferramentas mais importantes para qualquer departamento de vendas. É a representação visual do processo de venda desde o primeiro contato com o cliente potencial até o momento da compra. O objetivo do funil de vendas é ajudar a equipe de vendas a entender em que fase do processo de venda o cliente está e o que deve ser feito para avançar para a próxima etapa.

O funil de vendas pode ser dividido em quatro etapas: atração, interesse, decisão e ação. Cada etapa do funil representa uma fase do processo de venda. Na primeira etapa, a atração, o objetivo é atrair o máximo de clientes potenciais para o seu negócio. Isso pode ser feito por meio de marketing digital, publicidade ou outros métodos de atração de clientes.

Na etapa seguinte, o interesse, o objetivo é gerar interesse no produto ou serviço oferecido pela empresa. Isso pode ser feito por meio de conteúdo relevante, apresentações de vendas e outras táticas de persuasão.

A terceira etapa do funil é a decisão, onde o cliente potencial decide se quer ou não fazer negócios com a empresa. Nessa fase, é importante apresentar os diferenciais da empresa, responder a perguntas e resolver objeções.

A última etapa do funil é a ação, onde o cliente toma a decisão final e realiza a compra. É importante ter um processo de fechamento de vendas eficiente para não perder a oportunidade de converter o cliente em vendas.

Cada etapa do funil de vendas é importante e exige uma abordagem diferente por parte da equipe de vendas. É importante ter uma estratégia clara para cada etapa e saber como medir o progresso em cada fase. Isso pode ser feito por meio de métricas, como taxas de conversão e tempo de ciclo de vendas.

Para garantir que a equipe de vendas esteja alinhada com o funil de vendas, é importante treinar os membros da equipe em como usar a ferramenta e quais são as melhores práticas para cada etapa do processo. Além disso, é importante que a equipe de vendas tenha acesso aos dados e métricas do funil para poder fazer ajustes e melhorias ao longo do tempo.

Uma das principais vantagens do funil de vendas é que ele ajuda a equipe de vendas a identificar onde estão os gargalos no processo de vendas. Isso permite que a empresa faça melhorias contínuas para otimizar o processo e aumentar a taxa de conversão.

É uma das principais ferramentas de análise de desempenho da equipe, ele ajuda a equipe de vendas a entender o processo de vendas, identificar onde estão os gargalos e fazer melhorias contínuas para aumentar a taxa de conversão. É importante treinar a equipe de vendas em como usar o funil e ter uma estratégia clara para cada etapa do processo.

Desenvolvimento de personas para vendas

As personas são uma das ferramentas mais importantes que um departamento de vendas pode usar para entender melhor seu público-alvo e criar estratégias de vendas mais eficazes. Elas são descrições detalhadas de seu público ideal - quem são, quais são suas necessidades e desejos, e como eles tomam decisões de compra.

Ao desenvolver personas precisas e detalhadas, os vendedores podem entender melhor os clientes potenciais e personalizar suas estratégias de vendas de acordo.

O processo de desenvolvimento de personas começa com a pesquisa. É importante realizar entrevistas com clientes existentes e potenciais, bem como analisar dados do mercado, feedback nas redes sociais e outras fontes relevantes. Ao fazer isso, os vendedores podem coletar informações importantes sobre seus clientes, como idade, gênero, renda, preferências de compra, comportamentos de consumo e muito mais.

Com essas informações em mãos, os vendedores podem começar a desenvolver personas detalhadas para diferentes segmentos do público. Por exemplo, uma empresa que vende roupas de ginástica pode ter uma persona para uma mulher de 25 a 35 anos que pratica ioga, outra para um homem de 30 a 40 anos que pratica musculação e assim por diante.

Cada persona deve ser única e personalizada, com informações específicas sobre o que o cliente está procurando, seus desafios e obstáculos, e como eles tomam decisões de compra.

Ao desenvolver personas, é importante levar em consideração os diferentes canais de vendas. Por exemplo, a persona de um cliente B2B pode ser muito diferente da persona de um cliente B2C, e isso pode afetar a forma como eles preferem ser contatados e a mensagem que ressoa com eles.

Uma vez que as personas são criadas, é importante compartilhá-las com a equipe de vendas e garantir que todos os membros entendam quem são esses clientes ideais. Isso ajudará a orientar a comunicação com os clientes, adaptando-a às suas necessidades específicas. As personas também podem ser usadas para segmentar listas de contatos e personalizar campanhas de marketing e vendas.

Além disso, as personas são uma ferramenta valiosa para avaliar o desempenho do departamento de vendas. Ao monitorar o progresso das vendas em relação às personas, os vendedores podem identificar padrões e áreas de melhoria em suas estratégias de vendas. Isso pode levar a ajustes em tempo real e à otimização da abordagem de vendas para melhor atender às necessidades do público-alvo.

O desenvolvimento de personas é uma parte fundamental da estratégia de vendas de qualquer departamento de vendas vencedor. Ao entender seu público-alvo de maneira mais profunda e personalizada, os vendedores podem personalizar sua abordagem de vendas e aumentar as chances de sucesso.

Exemplo para ilustrar como essa técnica e que pode ser utilizada na prática:

Persona: Ana Luíza

Cargo: Gerente de Marketing

Empresa: ABC Solutions

Indústria: Tecnologia

Idade: 35 anos

Sexo: Feminino

Nível de educação: Pós-graduação em Marketing

Salário: R$ 9.000

Estado civil: Casada, com um filho de 5 anos

Interesses: Leitura, gastronomia, viagens

Dores: Prazos apertados, dificuldade de acompanhar as tendências do mercado

Objetivos: Aumentar a geração de leads qualificados, melhorar o ROI das campanhas de marketing

Produto: Plataforma de Automação de Marketing Digital

Com base na persona Ana Luíza, é possível definir estratégias de marketing e vendas mais assertivas, como por exemplo, apresentar cases de sucesso de outras empresas da indústria de tecnologia que conseguiram aumentar a geração de leads qualificados e melhorar o ROI das campanhas de marketing utilizando a plataforma de automação de marketing digital.

Além disso, é possível adaptar a abordagem de vendas e o tom de comunicação de acordo com os interesses e dores da persona.

Como criar e manter um pipeline de vendas efetivo

Um pipeline de vendas é a representação visual do processo de vendas de uma empresa, desde a identificação de leads até a finalização da venda, ou seja, um mapa das etapas que compõem o processo de vendas. Uma ferramenta essencial para gerenciar e monitorar o progresso das oportunidades de vendas e prever a receita futura.

Por que um pipeline de vendas é importante?

Ter um pipeline de vendas efetivo é fundamental para o sucesso de uma empresa. Ele permite que a equipe de vendas acompanhe o progresso das oportunidades e identifique rapidamente os gargalos no processo de vendas. Além disso, fornece dados importantes para tomadas de decisão e previsão de receita.

Um pipeline de vendas também ajuda a identificar oportunidades de melhoria no processo de vendas. Por exemplo, se a equipe de vendas está tendo dificuldades em converter leads em oportunidades de venda, o pipeline pode ajudar a identificar a etapa do processo de vendas que precisa ser aprimorada.

Como criar um pipeline de vendas efetivo?

Para criar um pipeline de vendas efetivo, siga os seguintes passos:

Defina as etapas do processo de vendas. O primeiro passo para criar um pipeline de vendas efetivo é definir as etapas do processo de vendas. Geralmente, essas etapas incluem:

Geração de leads: esta etapa envolve a identificação de possíveis clientes que podem estar interessados nos produtos ou serviços da empresa.

Qualificação de leads: nesta etapa, os leads são avaliados para determinar se são adequados para se tornarem oportunidades de venda.

Identificação de oportunidades: nesta etapa, os leads qualificados são identificados como oportunidades de venda.

Desenvolvimento de propostas: nesta etapa, são desenvolvidas propostas comerciais para apresentar aos clientes potenciais.

Negociação e fechamento: nesta etapa, as propostas são negociadas e as vendas são finalizadas.

Defina critérios para cada etapa

Para que as etapas do processo de vendas sejam efetivas, é importante definir critérios claros para cada etapa. Por exemplo, os critérios para a etapa de qualificação de leads podem incluir o tamanho da empresa, o orçamento disponível e a necessidade de produtos ou serviços da empresa.

Estabeleça metas e métricas

Depois de definir as etapas e critérios do processo de vendas, é importante estabelecer metas e métricas para cada etapa. Isso permitirá que a equipe de vendas acompanhe o progresso e identifique rapidamente os gargalos no processo de vendas. Por exemplo, uma meta para a etapa de identificação de oportunidades pode ser o número de oportunidades identificadas por mês, enquanto uma métrica para a etapa de negociação e fechamento pode ser o tempo médio necessário para fechar uma venda.

Use um software de gestão de vendas

Para tornar o processo de vendas mais eficiente, é importante usar um software de gestão de vendas para automatizar tarefas repetitivas, como o registro de atividades de vendas e o acompanhamento de leads. O software também pode fornecer relatórios e análises detalhadas sobre o desempenho do pipeline.

Uma vez criado o pipeline de vendas, é importante monitorá-lo continuamente para garantir que ele continue efetivo e funcional. Aqui estão algumas dicas para manter um pipeline de vendas efetivo:

Atualize o pipeline regularmente

Manter o pipeline de vendas atualizado é fundamental para garantir que ele continue efetivo. A equipe de vendas deve atualizar o pipeline regularmente, adicionando novos leads, movendo oportunidades para a próxima etapa do processo de vendas e fechando vendas.

Use as métricas para identificar oportunidades de melhoria

As métricas estabelecidas no processo de vendas devem ser usadas para identificar oportunidades de melhoria no pipeline de vendas. Se uma etapa do processo de vendas estiver com um baixo desempenho, a equipe de vendas deve analisar os dados para identificar o problema e fazer ajustes para melhorar o desempenho.

Analise o pipeline regularmente

A análise regular do pipeline de vendas é importante para garantir que ele continue funcionando de forma efetiva. A equipe de vendas deve analisar o pipeline regularmente para identificar tendências, gargalos e oportunidades de melhoria.

Forneça treinamento para a equipe de vendas

A equipe de vendas deve receber treinamento regular para garantir que eles entendam o processo de vendas e saibam como usar o pipeline de vendas de forma efetiva. O treinamento pode incluir técnicas de vendas, habilidades de comunicação e uso de ferramentas de gestão de vendas.

Ajuste o pipeline de vendas conforme necessário

O processo de vendas e o pipeline de vendas devem ser ajustados conforme necessário para garantir que eles continuem efetivos. Se a empresa introduzir novos produtos ou serviços, por exemplo, o pipeline de vendas deve ser ajustado para acomodar essas mudanças.

Um pipeline de vendas efetivo é fundamental para o sucesso de uma empresa. Ele ajuda a gerenciar e monitorar o progresso das oportunidades de vendas, fornecendo dados importantes para tomadas de decisão e previsão de receita. Para criar e manter um pipeline de vendas efetivo, é importante definir as etapas do processo de vendas, estabelecer critérios para cada etapa, estabelecer metas e métricas, usar um software de gestão de vendas e ajustar o pipeline conforme necessário.

A equipe de vendas deve atualizar o pipeline regularmente, usar as métricas para identificar oportunidades de melhoria, analisar o pipeline regularmente, receber treinamento e ajustar o pipeline de vendas conforme necessário para garantir que ele continue efetivo e funcional.

Métodos para qualificar leads

Ao identificar e selecionar leads com maior probabilidade de se tornarem clientes, as equipes de vendas podem concentrar seus esforços e recursos nas oportunidades mais promissoras, resultando em um processo de vendas mais eficiente e rentável. Neste capítulo, exploraremos diversos métodos para qualificar leads, baseados em conceitos e técnicas consagrados pelos principais livros de vendas.

Método BANT

O método BANT (Budget, Authority, Need e Timeframe) foi desenvolvido pela IBM e é um dos métodos de qualificação de leads mais conhecidos e utilizados. Ele se baseia na análise de quatro critérios principais:

Budget (Orçamento): O lead possui orçamento disponível para adquirir o produto ou serviço oferecido?

Authority (Autoridade): A pessoa com quem você está falando tem autoridade para tomar decisões ou influenciar o processo de compra?

Need (Necessidade): O lead tem uma necessidade real e clara pelo produto ou serviço oferecido?

Timeframe (Prazo): Quando o lead pretende tomar uma decisão e implementar a solução?

Leads que atendem a todos esses critérios têm maior probabilidade de se tornarem clientes e devem ser priorizados pela equipe de vendas.

Método CHAMP

O método CHAMP (Challenges, Authority, Money, Prioritization) foi criado como uma resposta às limitações do método BANT. Ele se concentra em identificar os desafios enfrentados pelos leads e avaliar sua disposição para resolver esses problemas. Os critérios do CHAMP são:

Challenges (Desafios): Quais desafios o lead enfrenta e como sua solução pode ajudá-los a superá-los?

Authority (Autoridade): A pessoa com quem você está falando tem autoridade para tomar decisões ou influenciar o processo de compra?

Money (Dinheiro): O lead possui recursos financeiros para investir na solução?

Prioritization (Priorização): A solução que você oferece é uma prioridade para o lead no momento?

Este método ajuda as equipes de vendas a se concentrarem em leads que estão enfrentando problemas reais e estão dispostos a investir tempo e dinheiro para resolvê-los.

Método GPCTBA/C&I

O método GPCTBA/C&I (Goals, Plans, Challenges, Timeline, Budget, Authority/Consequences & Implications) foi desenvolvido pela HubSpot e é especialmente útil para vendas complexas e de longo prazo. Ele abrange uma série de critérios que ajudam a determinar a qualidade do lead:

Goals (Objetivos): Quais são os objetivos do lead e como sua solução pode ajudá-los a alcançá-los?

Plans (Planos): O lead possui planos para atingir seus objetivos? Como sua solução se encaixa nesses planos?

Challenges (Desafios): Quais obstáculos o lead enfrenta para alcançar seus objetivos e como sua solução pode ajudá-los a superá-los?

Timeline (Cronograma): Qual é o prazo para que o lead atinja seus objetivos e implemente a solução?

Budget (Orçamento): O lead possui recursos financeiros para investir na solução?

Authority (Autoridade): A pessoa com quem você está falando tem autoridade para tomar decisões ou influenciar o processo de compra?

Consequences (Consequências): Quais são as consequências se o lead não resolver os desafios ou alcançar seus objetivos?

Implications (Implicações): Quais são as implicações de longo prazo para o lead caso opte por sua solução?

Ao analisar esses critérios, as equipes de vendas podem obter uma compreensão mais profunda das necessidades, motivações e preocupações dos leads, permitindo-lhes adaptar suas abordagens de vendas e aumentar suas chances de sucesso.

Método ANUM

O método ANUM (Authority, Need, Urgency, Money) é uma variação simplificada do BANT e se concentra em quatro critérios fundamentais:

Authority (Autoridade): A pessoa com quem você está falando tem autoridade para tomar decisões ou influenciar o processo de compra?

Need (Necessidade): O lead tem uma necessidade real e clara pelo produto ou serviço oferecido?

Urgency (Urgência): Qual é o nível de urgência do lead em resolver seu problema ou atender às suas necessidades?

Money (Dinheiro): O lead possui recursos financeiros para investir na solução?

Este método é útil para identificar rapidamente leads qualificados em ambientes de vendas de ritmo acelerado e focados em resultados.

Método FAINT

O método FAINT (Funds, Authority, Interest, Need, and Timing) é outra variação do BANT, projetada para se adaptar às mudanças no processo de vendas moderno. Os critérios do FAINT são:

Funds (Recursos): O lead possui recursos financeiros ou acesso a recursos para investir na solução?

Authority (Autoridade): A pessoa com quem você está falando tem autoridade para tomar decisões ou influenciar o processo de compra?

Interest (Interesse): O lead demonstra interesse genuíno na solução oferecida?

Need (Necessidade): O lead tem uma necessidade real e clara pelo produto ou serviço oferecido?

Timing (Tempo): Qual é o momento ideal para abordar o lead com sua solução?

Ao utilizar o método FAINT, as equipes de vendas podem ajustar suas abordagens para se alinharem melhor com as expectativas e realidades do processo de vendas atual.

A qualificação de leads é uma parte essencial de um departamento de vendas vencedor. Ao utilizar métodos eficazes de qualificação de leads, como BANT, CHAMP, GPCTBA/C&I, ANUM e FAINT, as equipes de vendas podem identificar e priorizar oportunidades com maior probabilidade de sucesso, otimizando seus recursos e melhorando seus resultados.

A chave é escolher o método mais adequado para o seu negócio, adaptando-o conforme necessário e treinando sua equipe para aplicá-lo de maneira eficiente e eficaz.

Estratégias para aumentar a conversão de leads em vendas

A conversão de leads em vendas deve o objetivo final de qualquer departamento de vendas. Para alcançar esse objetivo, é essencial implementar estratégias eficazes que possam aumentar as taxas de conversão e impulsionar o crescimento do negócio. Neste capítulo, exploraremos diversas estratégias comprovadas para aumentar a conversão de leads em vendas.

Construa relacionamentos sólidos

Estabelecer relacionamentos sólidos e duradouros com os leads é fundamental para aumentar a conversão. A confiança e a empatia são fatores-chave que influenciam a decisão de compra. Portanto, as equipes de vendas devem se esforçar para entender as necessidades e desafios dos leads, oferecendo soluções personalizadas e valor agregado.

Foque nos benefícios, não nas características

Ao apresentar um produto ou serviço, é crucial destacar os benefícios e o valor que ele proporciona, em vez de se concentrar apenas nas características. Os leads estão mais interessados em saber como sua solução pode resolver seus problemas e atender às suas necessidades. Portanto, ao comunicar os benefícios, as equipes de vendas têm maior probabilidade de converter leads em clientes.

Implemente um processo de vendas estruturado

Um processo de vendas bem estruturado e padronizado ajuda a garantir que todas as oportunidades sejam tratadas de maneira consistente e eficiente. Além disso, um processo estruturado permite que as equipes de vendas identifiquem gargalos e áreas de melhoria, otimizando continuamente suas abordagens e aumentando as taxas de conversão.

Acompanhamento eficiente

O acompanhamento é uma parte crucial do processo de vendas. Entrar em contato com os leads em momentos estratégicos e de maneira personalizada pode fazer a diferença entre fechar uma venda ou perder uma oportunidade. As equipes de vendas devem usar ferramentas de CRM e automação de vendas para agilizar o processo de acompanhamento e garantir que nenhum lead seja esquecido.

Treinamento e desenvolvimento contínuos

Para maximizar as taxas de conversão, é fundamental investir no treinamento e desenvolvimento contínuos da equipe de vendas. Isso inclui aprimorar habilidades de comunicação, negociação e fechamento, bem como manter-se atualizado sobre as tendências e mudanças do mercado. Equipes bem treinadas e informadas estão melhor equipadas para lidar com objeções e converter leads em vendas.

Estabeleça um senso de urgência

Criar um senso de urgência pode ser uma estratégia eficaz para motivar os leads a tomar uma decisão de compra mais rapidamente. Isso pode ser feito oferecendo descontos por tempo limitado, destacando a escassez de produtos ou enfatizando os custos de oportunidade de não agir imediatamente.

Supere objeções

As objeções são uma parte natural do processo de vendas e devem ser tratadas como oportunidades para esclarecer dúvidas e fornecer informações adicionais. As equipes de vendas devem estar preparadas para lidar com objeções comuns e desenvolver estratégias para superá-las. Isso inclui demonstrar empatia, ouvir atentamente e fornecer respostas claras e convincentes que abordem as preocupações dos leads.

Aproveite depoimentos e estudos de caso

Os depoimentos de clientes satisfeitos e estudos de caso bem-sucedidos são ferramentas poderosas que podem ajudar a aumentar a conversão de leads em vendas. Eles fornecem provas sociais do valor e eficácia de sua solução, ajudando a construir confiança e credibilidade. Certifique-se de compartilhar depoimentos e. estudos de caso relevantes com seus leads durante o processo de vendas.

Personalize suas abordagens de vendas

Cada lead é único e requer uma abordagem personalizada para aumentar as chances de conversão. As equipes de vendas devem se esforçar para entender as necessidades, preferências e motivações específicas de cada lead, adaptando suas táticas de vendas de acordo. Isso pode incluir segmentar leads com base em critérios específicos, como tamanho da empresa, setor ou localização geográfica, e criar mensagens e ofertas personalizadas para cada segmento.

Estabeleça metas e monitore o desempenho

Estabelecer metas claras e mensuráveis é fundamental para impulsionar o sucesso das vendas. As equipes de vendas devem definir metas de conversão realistas e monitorar o desempenho regularmente, identificando áreas de melhoria e ajustando as estratégias conforme necessário. Além disso, é importante celebrar e recompensar o sucesso, incentivando a motivação e o comprometimento contínuos da equipe.

Aumentar a conversão de leads em vendas é fundamental para o sucesso de qualquer departamento de vendas. Implementar estratégias eficazes, como construir relacionamentos sólidos, focar nos benefícios, implementar um processo de vendas estruturado, acompanhar leads de maneira eficiente, investir em treinamento e desenvolvimento, criar um senso de urgência, superar objeções, utilizar depoimentos e estudos de caso, personalizar abordagens de vendas e estabelecer metas e monitorar o desempenho, pode ajudar a maximizar as taxas de conversão e impulsionar o crescimento do negócio.

O sucesso na conversão de leads em vendas exige dedicação, adaptabilidade e comprometimento contínuos por parte das equipes de vendas e da liderança organizacional.

Técnicas de negociação para vendedores

A negociação é uma habilidade essencial para vendedores bem-sucedidos. Dominar as técnicas de negociação pode ajudar a fechar vendas de maneira eficiente e garantir resultados satisfatórios para ambas as partes envolvidas.

Neste capítulo, exploraremos diversas técnicas de negociação comprovadas para vendedores, baseadas em conceitos e estratégias de vendas validadas e extraídas dos principais autores de vendas.

Prepare-se para a negociação

A preparação é a chave para uma negociação bem-sucedida. Antes de entrar em uma negociação, os vendedores devem pesquisar e entender as necessidades, desafios e objetivos do lead, bem como seus próprios limites e metas. Isso inclui conhecer os recursos e benefícios do produto ou serviço que estão vendendo e estar preparado para responder a perguntas e objeções.

Construa rapport e confiança

Estabelecer rapport (é uma palavra de origem francesa (rapporter), que significa "trazer de volta" ou "criar uma relação) e confiança com o lead é fundamental para uma negociação eficaz. Isso pode ser alcançado através da demonstração de empatia, ouvindo atentamente, respeitando o tempo e as opiniões do lead, e sendo honesto e transparente durante todo o processo de negociação.

Seja assertivo, mas flexível

Os vendedores bem-sucedidos são assertivos em defender seus interesses e os de sua empresa, mas também estão dispostos a ser flexíveis e a encontrar soluções mutuamente benéficas. Isso pode envolver fazer concessões em algumas áreas para obter vantagens em outras, ou apresentar opções criativas que atendam às necessidades de ambas as partes.

Princípio da reciprocidade

A reciprocidade é um poderoso princípio psicológico que pode ser usado a seu favor na negociação. Ao oferecer algo de valor ao lead, seja um desconto, uma consulta gratuita ou informações úteis, você cria uma sensação de dívida que pode levar a concessões por parte do lead.

Use o poder do silêncio

O silêncio pode ser uma ferramenta de negociação eficaz, especialmente quando usado após fazer uma proposta ou apresentar uma contraproposta. O silêncio cria tensão e pode levar o lead a reconsiderar sua posição ou fazer uma concessão. Além disso, ouvir atentamente e dar espaço para o lead falar permite que os vendedores obtenham informações valiosas que podem ser usadas durante a negociação.

Controle suas emoções

Manter o controle emocional durante a negociação é crucial para o sucesso. Vendedores devem evitar demonstrar frustração, raiva ou impaciência, pois isso pode prejudicar a confiança e o rapport. Em vez disso, adote uma abordagem calma e racional, focando nos fatos e nos benefícios da solução proposta.

Use ancoragem

A ancoragem é uma técnica de negociação que envolve estabelecer um ponto de referência ou "âncora" a partir do qual as negociações podem prosseguir. Isso pode ser feito apresentando uma proposta inicial que seja favorável a você, mas deixando espaço para negociação. Ao estabelecer uma âncora, você influencia a percepção do lead sobre o valor da oferta e pode facilitar a obtenção de um resultado mais favorável.

Aprenda a lidar com objeções

Enfrentar objeções é uma parte comum do processo de negociação. Vendedores bem-sucedidos sabem como lidar com objeções de maneira eficaz, abordando as preocupações do lead e fornecendo informações adicionais ou soluções alternativas. Ao enfrentar objeções, é importante ouvir atentamente, mostrar empatia e responder com argumentos claros e bem fundamentados.

Faça concessões com sabedoria

Concessões são uma parte inevitável da negociação, mas é crucial fazê-las com sabedoria e estratégia. Ao fazer concessões, certifique-se de que elas sejam proporcionais às concessões feitas pelo lead e de que não comprometam seus objetivos finais. Além disso, ao fazer uma concessão, tente obter algo em troca, reforçando o princípio da reciprocidade.

Saiba quando e como fechar o acordo

Fechar o acordo é a etapa final da negociação e requer habilidades e táticas específicas. Vendedores bem-sucedidos sabem reconhecer os sinais de que um lead está pronto para fechar e usam técnicas de fechamento eficazes, como assumir a venda, oferecer um incentivo de última hora ou fazer uma pergunta fechada que direcione o lead a tomar uma decisão.

Dominar técnicas de negociação é essencial para vendedores que buscam fechar vendas de maneira eficiente e garantir resultados satisfatórios para todas as partes envolvidas. Ao se preparar adequadamente, estabelecer *rapport* e confiança, ser assertivo e flexível, utilizar princípios como reciprocidade e ancoragem, controlar as emoções, lidar com objeções, fazer concessões com sabedoria e fechar o acordo, os vendedores podem maximizar seu sucesso em negociações e impulsionar o desempenho geral de vendas.

Como lidar com objeções dos clientes

Lidar com objeções é uma parte inevitável do processo de vendas. As objeções dos clientes podem surgir por várias razões, como preocupações com o preço, incerteza sobre a eficácia do produto ou serviço ou falta de compreensão das necessidades do cliente.

Saber como lidar com objeções de maneira eficaz é essencial para converter leads em vendas e garantir o sucesso de seu departamento de vendas.

Aqui exploraremos estratégias comprovadas para lidar com objeções.

Ouça atentamente

O primeiro passo para lidar com objeções é ouvir atentamente o cliente. Isso demonstra respeito e empatia e ajuda a identificar a raiz da objeção. Faça perguntas para esclarecer a preocupação do cliente e certifique-se de entender completamente a objeção antes de responder.

Mantenha a calma e seja paciente

Manter a calma e a paciência ao lidar com objeções é fundamental para o sucesso. Evite se tornar defensivo ou agressivo, pois isso pode prejudicar a confiança e o rapport com o cliente. Em vez disso, mantenha uma atitude positiva e profissional ao abordar objeções.

Valide a objeção

Validar a objeção do cliente significa reconhecer e mostrar compreensão de suas preocupações. Isso pode ser feito usando frases como "Entendo suas preocupações" ou "É uma questão legítima". Validar a objeção do cliente ajuda a estabelecer *rapport* e demonstra empatia.

Aborde a objeção com fatos e informações

Ao responder a objeções, apresente fatos e informações claros e convincentes que abordem diretamente as preocupações do cliente. Por exemplo, se o cliente está preocupado com o preço, explique o valor agregado que seu produto ou serviço oferece e como isso justifica o custo. Se a objeção está relacionada à eficácia do produto, apresente estudos de caso ou depoimentos de clientes satisfeitos que comprovem os resultados.

Use perguntas direcionadas

Fazer perguntas direcionadas pode ajudar a abordar objeções e levar o cliente a reconsiderar sua posição. Por exemplo, pergunte ao cliente o que exatamente está causando hesitação ou o que seria necessário para aliviar suas preocupações. Isso pode ajudar a identificar áreas específicas que podem ser abordadas para superar a objeção.

Ofereça soluções alternativas

Em alguns casos, pode ser útil oferecer soluções alternativas que abordem as preocupações do cliente sem comprometer seus próprios objetivos de vendas. Isso pode incluir oferecer um plano de pagamento flexível, um período de teste gratuito ou a possibilidade de personalizar o produto ou serviço para atender às necessidades específicas do cliente.

Pratique a técnica "*feel, felt, found*"

A técnica "*feel, felt, found*" é uma estratégia eficaz para lidar com objeções e envolve três etapas: reconhecer o sentimento do cliente (*feel*), mostrar empatia ao compartilhar que outros clientes já se sentiram da mesma forma (*felt*) e, em seguida, apresentar como esses clientes encontraram satisfação ou solução ao usar seu produto ou serviço (*found*). Essa técnica cria um senso de compreensão e comunidade entre você e o cliente e oferece uma resposta positiva à objeção.

Saiba quando recuar

Embora seja importante abordar objeções e buscar soluções, também é crucial reconhecer quando recuar. Se o cliente permanece inflexível após várias tentativas de abordar suas preocupações, pode ser mais produtivo encerrar a discussão de maneira educada e profissional e voltar a entrar em contato em um momento mais adequado.

Acompanhe e aprenda com as objeções

Acompanhar as objeções dos clientes e analisar seu desempenho ao lidar com elas pode fornecer informações valiosas para melhorar suas habilidades de vendas e aperfeiçoar sua abordagem. Use essas informações para identificar padrões e áreas de melhoria, bem como para treinar e desenvolver sua equipe de vendas.

Pratique e aprimore suas habilidades de lidar com objeções

Lidar com objeções é uma habilidade que pode ser aprimorada com prática e experiência. Invista tempo em treinamento e desenvolvimento pessoal, bem como no aprimoramento das habilidades de sua equipe de vendas. Isso inclui participar de workshops, ler livros de vendas de sucesso e praticar técnicas de resposta a objeções em simulações de vendas.

Lidar com objeções dos clientes é uma parte essencial do processo de vendas e requer habilidades e estratégias eficazes. Ao ouvir atentamente, manter a calma e ser paciente, validar objeções, abordar preocupações com fatos e informações, fazer perguntas direcionadas, oferecer soluções alternativas, usar a técnica *"feel, felt, found"*, saber quando recuar, acompanhar e aprender com objeções e praticar continuamente suas habilidades, os vendedores podem superar objeções e converter leads em vendas de maneira eficiente e eficaz.

A prática e a experiência são fundamentais para dominar a arte de lidar com objeções, e os vendedores devem estar sempre dispostos a aprender e adaptar-se às situações e desafios específicos que enfrentam.

A importância do *follow-up* em vendas

O follow-up, ou acompanhamento, é uma etapa crucial no processo de vendas e desempenha um papel fundamental na construção de relacionamentos duradouros com os clientes e na geração de vendas bem-sucedidas. Muitas vezes, os vendedores subestimam a importância do follow-*up*, o que pode resultar na perda de oportunidades valiosas.

Por que o *follow-up* é importante?

O *follow-up* é importante por várias razões:

Fortalece o relacionamento com o cliente: O acompanhamento permite que você demonstre interesse genuíno no cliente e suas necessidades, o que ajuda a construir *rapport* e confiança.

Aumenta a satisfação do cliente: Fazer *follow-up* garante que o cliente esteja satisfeito com sua compra e que quaisquer problemas ou preocupações sejam abordados prontamente.

Gera vendas adicionais: Um acompanhamento eficaz pode levar a vendas adicionais, seja por meio de *upselling, cross-selling* ou indicações.

Melhora a retenção de clientes: Clientes satisfeitos têm maior probabilidade de fazer negócios repetidos e se tornarem clientes fiéis.

Oferece oportunidades de feedback: O *follow-up* fornece uma oportunidade para coletar *feedback* valioso sobre seus produtos ou serviços e identificar áreas de melhoria.

Momento e frequência do *follow-up*

O timing e a frequência do *follow-up* são fundamentais para o seu sucesso. É importante entrar em contato com o cliente logo após a venda ou a interação inicial, mas sem ser excessivamente intrusivo. Um bom ponto de partida é fazer um acompanhamento dentro de 24 a 48 horas após a venda ou interação inicial. Depois disso, a frequência do *follow-up* deve ser ajustada com base no tipo de cliente e na natureza do relacionamento comercial.

Métodos de *follow-up*

Há várias formas de fazer follow-up com os clientes, e é importante escolher o método mais apropriado para cada situação. Alguns dos métodos mais comuns incluem e-mail, telefone, mensagens de texto, redes sociais e visitas pessoais. Cada método tem suas próprias vantagens e desvantagens, e a escolha do método correto dependerá das preferências do cliente, da natureza do relacionamento e da mensagem que você deseja transmitir.

Conteúdo do *follow-up*

O conteúdo do *follow-up* deve ser relevante, personalizado e orientado para o valor. Evite mensagens genéricas e concentre-se em abordar as necessidades específicas do cliente. Algumas dicas para criar um conteúdo de *follow-up* eficaz incluem:

Agradecer ao cliente pela compra ou interação

Fornecer informações úteis ou atualizações relevantes para o cliente;

Abordar quaisquer preocupações ou perguntas que o cliente possa ter;

Oferecer suporte ou assistência adicional, se necessário;

Apresentar oportunidades de *upselling* ou *cross*-selling de maneira útil e adequada.

A importância do CRM (*Customer Relationship Management*)

O uso de um sistema de CRM (*Customer Relationship Management*) é fundamental para gerenciar e organizar o follow-up em vendas. Um CRM eficiente ajuda a acompanhar o histórico de interações com os clientes, registrar notas importantes, agendar *follow-ups* e garantir que nenhuma oportunidade seja perdida. Além disso, um CRM pode fornecer análises e informações valiosas para ajudá-lo a entender melhor seus clientes e otimizar suas estratégias de vendas.

Estabeleça um processo *de follow-up*

Desenvolver e implementar um processo de *follow-up* bem definido é essencial para garantir um acompanhamento eficiente e consistente. Um processo de follow-up deve incluir:

Definição de objetivos de *follow-up*

Identificação dos melhores métodos de *follow-up* para cada situação;

Criação de um cronograma de *follow-up;*

Treinamento de sua equipe de vendas em técnicas de follow-up eficazes;

Monitoramento e análise do desempenho do follow-up;

Aprenda com seus *follow-ups*.

Analisar o desempenho de seus *follow-ups* e aprender com eles é crucial para o aprimoramento contínuo de suas estratégias de vendas. Use o *feedback* dos clientes e os dados coletados por meio de seu CRM para identificar áreas de melhoria e ajustar suas abordagens conforme necessário.

Compartilhe as melhores práticas e lições aprendidas com sua equipe de vendas para garantir que todos estejam em sintonia com as técnicas de follow-up mais eficazes.

Ao compreender a importância do *follow-up*, escolher os métodos adequados, criar conteúdo relevante e personalizado, utilizar um CRM eficiente, estabelecer um processo de *follow-up*, e aprender com seus acompanhamentos, você pode fortalecer o relacionamento com seus clientes, aumentar a satisfação, gerar vendas adicionais e melhorar a retenção de clientes.

Investir tempo e recursos no desenvolvimento de habilidades de *follow-up* eficazes e na implementação de estratégias baseadas em conceitos e práticas comprovadas pode resultar em um departamento de vendas vencedor e garantir o sucesso de longo prazo de sua organização.

Como fechar mais vendas usando o método AIDA

O método AIDA é uma estrutura de vendas popular e eficaz que ajuda os vendedores a atrair a atenção dos clientes, despertar o interesse, criar desejo e motivá-los à ação. A sigla AIDA representa Atenção, Interesse, Desejo e Ação.

Atenção

O primeiro passo no método AIDA é atrair a atenção do cliente. Para fazer isso, os vendedores devem ser criativos, se destacar e criar uma conexão emocional com o cliente. Algumas estratégias para captar a atenção incluem:

Usar abordagens inovadoras e personalizadas para iniciar conversas;

Compartilhar histórias interessantes e relevantes sobre seu produto ou serviço;

Utilizar linguagem clara e envolvente;

Focar em benefícios e soluções, em vez de apenas nas características do produto.

Interesse

Após atrair a atenção do cliente, o próximo passo é despertar seu interesse. Para fazer isso, os vendedores devem apresentar informações relevantes e valiosas que se conectem às necessidades e desejos específicos do cliente. Algumas estratégias para gerar interesse incluem:

Fazer perguntas abertas para entender melhor as necessidades do cliente;

Fornecer informações detalhadas sobre os benefícios e vantagens do seu produto ou serviço;

Compartilhar estudos de caso, depoimentos e exemplos de sucesso;

Estabelecer credibilidade e confiança através de provas sociais, como avaliações e recomendações;

Desejo

O terceiro passo no método AIDA é criar desejo. Para fazer isso, os vendedores devem ajudar os clientes a visualizar como o produto ou serviço pode melhorar suas vidas ou resolver seus problemas.

Focar nos benefícios emocionais e pessoais associados ao seu produto ou serviço;

Usar técnicas de storytelling para envolver e conectar-se com o cliente emocionalmente;

Oferecer demonstrações, amostras ou experiências interativas para permitir que os clientes vejam o valor do produto em primeira mão;

Usar gatilhos emocionais, como urgência ou exclusividade, para aumentar o desejo.

Ação

O último passo no método AIDA é motivar o cliente à ação. Para fazer isso, os vendedores devem tornar o processo de compra fácil, atraente e sem riscos. Algumas estratégias para incentivar a ação incluem:

Oferecer incentivos, como descontos ou brindes, para motivar a compra;

Facilitar o processo de compra, eliminando barreiras e simplificando etapas;

Oferecer garantias, políticas de devolução e suporte pós-venda para aumentar a confiança do cliente;

Utilizar técnicas de fechamento eficazes, como assumir a venda ou oferecer opções limitadas.

Adaptando o método AIDA ao seu processo de vendas

Para implementar o método AIDA em seu departamento de vendas, é importante adaptá-lo às necessidades específicas de seu processo de vendas e equipe. Considere os seguintes passos para garantir uma implementação bem-sucedida:

Treine sua equipe de vendas no método AIDA e explique a importância de cada etapa;

Revise e ajuste seu processo de vendas para incorporar as quatro etapas do AINDA;

Monitore e avalie o desempenho de sua equipe, identificando áreas de melhoria e sucesso;

Incentive a experimentação e a inovação, permitindo que os vendedores testem diferentes abordagens dentro do método AINDA;

Compartilhe as melhores práticas e lições aprendidas com toda a equipe para garantir a melhoria contínua.

Combinação do método AIDA com outras estratégias de vendas

O método AIDA é uma ferramenta eficaz por si só, mas pode ser ainda mais poderoso quando combinado com outras estratégias de vendas validadas. Considere incorporar o seguinte em seu processo de vendas, juntamente com o método AIDA:

Foco no relacionamento com o cliente: Construa relacionamentos sólidos e duradouros com os clientes, garantindo que suas necessidades sejam atendidas e que se sintam valorizados;

Abordagem consultiva: Trabalhe junto com o cliente para identificar e resolver problemas, apresentando soluções personalizadas e específicas;

Follow-up consistente: Garanta o acompanhamento regular após a venda para manter o relacionamento com o cliente, resolver problemas e identificar oportunidades adicionais de venda.

O método AIDA é uma estrutura comprovada e eficaz para fechar mais vendas e melhorar o desempenho do seu departamento de vendas. Ao implementar o método AIDA e adaptá-lo às necessidades específicas de sua equipe e processo de vendas, você pode aumentar a satisfação do cliente, impulsionar as vendas e garantir o sucesso de longo prazo do seu departamento de vendas.

Lembre-se de combinar o método AIDA com outras estratégias de vendas validadas e compartilhar as melhores práticas com sua equipe para garantir um crescimento contínuo e um departamento de vendas vencedor.

Como melhorar a comunicação interpessoal na equipe de vendas

A comunicação interpessoal eficaz é fundamental para o sucesso de qualquer departamento de vendas. A capacidade de se comunicar claramente e construir relacionamentos sólidos, tanto internamente quanto com os clientes, é uma habilidade essencial para os vendedores.

Fomentar uma cultura de comunicação aberta e honesta

A base de uma comunicação interpessoal eficaz é uma cultura de abertura e honestidade. Incentive a transparência e a expressão livre de ideias e opiniões dentro da equipe de vendas. Isso inclui:

> Estabelecer uma política de porta aberta para discussões e feedback;

> Encorajar a colaboração e a troca de informações entre os membros da equipe;

> Criar um ambiente seguro onde os vendedores possam compartilhar suas preocupações e desafios sem medo de represálias;

> Promover a empatia e o entendimento mútuo, incentivando a equipe a se colocar no lugar dos colegas.

Treinamento em habilidades de comunicação

Invista em treinamento para ajudar sua equipe de vendas a desenvolver habilidades de comunicação interpessoal. Ofereça treinamento em áreas como:

Escuta ativa: Aprender a ouvir com atenção e entender as necessidades e preocupações dos outros;

Comunicação não verbal: Entender e utilizar linguagem corporal, tom de voz e expressões faciais para melhorar a comunicação;

Inteligência emocional: Desenvolver a capacidade de reconhecer e gerenciar emoções, tanto em si mesmo quanto nos outros;

Técnicas de persuasão e influência: Aprender a persuadir e influenciar os outros de forma ética e eficaz.

Implementar ferramentas de comunicação eficazes

Aproveite as tecnologias modernas para melhorar a comunicação interpessoal na equipe de vendas. Algumas ferramentas que podem ajudar a facilitar a comunicação incluem:

Plataformas de mensagens instantâneas: Permita que os membros da equipe troquem informações e ideias rapidamente, mesmo quando estão trabalhando remotamente;

Software de videoconferência: Facilite reuniões virtuais e discussões em grupo, proporcionando interação visual e auditiva;

Ferramentas de colaboração: Utilize aplicativos e plataformas que permitam a colaboração em tempo real em documentos e projetos;

Sistemas de gerenciamento de projetos: Implemente soluções que ajudem a organizar e monitorar o progresso das tarefas e projetos da equipe.

Estabelecer canais de comunicação claros

Garanta que todos os membros da equipe de vendas compreendam os canais de comunicação disponíveis e como usá-los adequadamente. Isso pode incluir:

Definir pontos de contato específicos para diferentes questões e preocupações;

Criar diretrizes claras sobre quando e como usar diferentes ferramentas de comunicação;

Estabelecer protocolos para compartilhar informações sensíveis ou confidenciais;

Incentivar a comunicação regular entre os membros da equipe e os líderes do departamento de vendas.

Promover a comunicação interdepartamental

Melhorar a comunicação interpessoal na equipe de vendas também envolve a colaboração com outros departamentos. Incentive a comunicação aberta e o trabalho conjunto entre vendas, marketing, suporte ao cliente e outros departamentos relevantes para garantir que todos estejam alinhados e trabalhando em direção aos mesmos objetivos. Algumas maneiras de promover a comunicação interdepartamental incluem:

Realizar reuniões interdepartamentais regulares para discutir projetos, metas e desafios compartilhados;

Estabelecer canais de comunicação específicos para a colaboração entre departamentos;

Incentivar a troca de informações e o compartilhamento de recursos entre as equipes;

Promover atividades e eventos de *team building* que incluam membros de diferentes departamentos.

Dar e receber feedback de maneira construtiva

O feedback é uma parte crucial da comunicação interpessoal eficaz. Incentive os membros da equipe de vendas a dar e receber feedback de maneira construtiva e respeitosa. Algumas dicas para o feedback eficaz incluem:

Fornecer feedback específico e baseado em fatos, em vez de opiniões pessoais;

Focar em comportamentos e ações que podem ser modificados, em vez de características pessoais;

Usar linguagem positiva e encorajadora, mesmo ao abordar áreas de melhoria;

Estar aberto a receber feedback e estar disposto a fazer mudanças com base nas sugestões dos colegas.

Melhorar a comunicação interpessoal na equipe de vendas é essencial para o sucesso do departamento e para a satisfação dos clientes. Investir em treinamento, promover uma cultura de comunicação aberta e honesta e utilizar ferramentas de comunicação eficazes podem ajudar a criar uma equipe de vendas mais coesa e bem-sucedida.

Estabelecer canais de comunicação claros, incentivar a colaboração interdepartamental e abordar o feedback de maneira construtiva são estratégias importantes para melhorar a comunicação e impulsionar o desempenho geral do departamento de vendas.

Técnicas de venda consultiva

A venda consultiva é uma abordagem moderna e centrada no cliente, que se concentra em identificar as necessidades do cliente e oferecer soluções personalizadas. Em vez de se concentrar apenas em fechar negócios, os vendedores que adotam essa abordagem agem como consultores confiáveis, trabalhando em conjunto com o cliente para resolver problemas e alcançar resultados.

Adote uma mentalidade de consultor

A base da venda consultiva é a mentalidade de consultor. Os vendedores devem se concentrar em ajudar os clientes a alcançar seus objetivos, em vez de simplesmente tentar vender um produto ou serviço. Isso inclui:

Aprender sobre o setor e os desafios específicos do cliente;

Fazer perguntas para entender completamente as necessidades do cliente;

Ser honesto e transparente em suas recomendações e soluções;

Fornecer valor contínuo ao cliente através de suporte e acompanhamento.

Faça perguntas abertas e exploratórias

As perguntas são uma ferramenta poderosa na venda consultiva. Fazer perguntas abertas e exploratórias ajuda a obter informações valiosas sobre as necessidades e desafios do cliente. Algumas dicas para fazer perguntas eficazes incluem:

Faça perguntas abertas que incentivem o cliente a compartilhar informações e ideias;

Evite perguntas fechadas que possam ser respondidas com um simples "sim" ou "não";

Concentre-se em entender as metas, desafios e preocupações do cliente;

Utilize técnicas de escuta ativa para garantir que você compreenda as respostas do cliente.

Demonstre empatia e compreensão

A empatia é fundamental na venda consultiva. Demonstrar empatia e compreensão pelas necessidades e preocupações do cliente ajuda a construir confiança e estabelecer um relacionamento sólido. Algumas maneiras de mostrar empatia incluem:

Validar as emoções e preocupações do cliente;

Colocar-se no lugar do cliente e considerar suas perspectivas;

Compartilhar experiências ou histórias relevantes para demonstrar compreensão;

Expressar preocupação e interesse genuínos pelo bem-estar e sucesso do cliente.

Ofereça soluções personalizadas

Na venda consultiva, é essencial oferecer soluções personalizadas e específicas para as necessidades do cliente. Isso inclui:

Analisar as informações coletadas durante as conversas com o cliente;

Desenvolver soluções que abordem os desafios e objetivos específicos do cliente;

Apresentar as soluções de maneira clara e compreensível, destacando os benefícios para o cliente;

Adaptar-se às mudanças nas necessidades do cliente e ajustar as soluções conforme necessário.

Estabeleça relacionamentos de longo prazo

A venda consultiva se concentra na construção de relacionamentos de longo prazo com os clientes.

Manter contato regular com os clientes para acompanhar seu progresso e oferecer suporte;

Fornecer recursos adicionais e informações úteis para ajudar o cliente a alcançar seus objetivos;

Estar disponível para responder a perguntas e fornecer orientação conforme necessário;

Antecipar as necessidades futuras do cliente e apresentar soluções proativas.

Foque na educação, não na venda

Na venda consultiva, é importante concentrar-se em educar o cliente em vez de simplesmente tentar fechar a venda. Isso pode ser feito através de:

Fornecer informações detalhadas e precisas sobre os produtos ou serviços oferecidos;

Explicar como as soluções propostas se alinham às necessidades e objetivos do cliente;

Utilizar estudos de caso, depoimentos e dados para apoiar suas recomendações;

Encorajar o cliente a fazer perguntas e esclarecer suas dúvidas.

Desenvolva habilidades de comunicação eficazes

A comunicação eficaz é fundamental na venda consultiva. Os vendedores devem ser capazes de se comunicar claramente e persuasivamente para apresentar soluções e responder às preocupações dos clientes. Algumas dicas para melhorar as habilidades de comunicação incluem:

Praticar a escuta ativa para compreender completamente as necessidades do cliente;

Utilizar linguagem clara e acessível para explicar soluções e benefícios;

Aperfeiçoar habilidades de apresentação para transmitir informações de maneira envolvente e persuasiva;

Adaptar o estilo de comunicação para se adequar às preferências e necessidades individuais do cliente.

A venda consultiva é uma abordagem eficaz e centrada no cliente que pode levar a resultados significativos para o seu departamento de vendas. Ao adotar uma mentalidade de consultor, fazer perguntas abertas e exploratórias, demonstrar empatia e compreensão, oferecer soluções personalizadas e estabelecer relacionamentos de longo prazo, os vendedores podem se tornar consultores confiáveis para seus clientes.

Concentrar-se na educação em vez da venda e desenvolver habilidades de comunicação eficazes ajudará os vendedores a se destacarem e a ter sucesso na venda consultiva. Implementar essas técnicas em seu departamento de vendas pode levar a uma maior satisfação do cliente e a um aumento nas vendas a longo prazo.

Estratégias de vendas para o ciclo de vida do cliente

O ciclo de vida do cliente é uma abordagem que considera as diferentes etapas pelas quais um cliente passa ao interagir com uma empresa, desde o primeiro contato até a fidelização. Compreender e adaptar estratégias de vendas para cada etapa do ciclo de vida do cliente é essencial para garantir o sucesso do departamento de vendas e a satisfação do cliente.

Aquisição de clientes: atrair novos clientes

A primeira etapa do ciclo de vida do cliente é a aquisição, onde o objetivo é atrair novos clientes para a empresa. Algumas estratégias de vendas eficazes para esta etapa incluem:

Desenvolver campanhas de marketing direcionadas e segmentadas para atrair clientes em potencial;

Utilizar técnicas de prospecção, como chamadas telefônicas, e-mails e eventos de networking para identificar e entrar em contato com clientes em potencial;

Oferecer conteúdo educacional e informativo, como webinars, e-books e postagens de blog, para atrair clientes e mostrar o valor da sua empresa;

Estabelecer parcerias estratégicas com outras empresas para expandir seu alcance no mercado.

Conversão de leads: transformar interessados em clientes

A segunda etapa do ciclo de vida do cliente é a conversão, onde o objetivo é transformar leads interessados em clientes pagantes.

Utilizar técnicas de venda consultiva para identificar as necessidades do cliente e oferecer soluções personalizadas.

Acompanhar de perto os leads e manter um sistema de gerenciamento de relacionamento com o cliente (CRM) atualizado para garantir o acompanhamento adequado;

Implementar técnicas de negociação e lidar com objeções para superar as barreiras à compra;

Oferecer incentivos e promoções, como descontos ou ofertas especiais, para encorajar os leads a se tornarem clientes.

Retenção de clientes: manter os clientes existentes satisfeitos

A terceira etapa do ciclo de vida do cliente é a retenção, onde o objetivo é manter os clientes existentes satisfeitos e continuar a fornecer valor. Estratégias de vendas eficazes para esta etapa incluem:

Fornecer um excelente atendimento ao cliente e suporte pós-venda para garantir que os clientes continuem satisfeitos com sua empresa;

Manter contato regular com os clientes para identificar oportunidades de *upsell* e *cross*-sell;

Utilizar pesquisas e feedback dos clientes para identificar áreas de melhoria e adaptar suas ofertas de produtos ou serviços de acordo;

Implementar programas de fidelidade e recompensas para incentivar os clientes a continuarem a fazer negócios com sua empresa.

Expansão do cliente: maximizar o valor dos clientes existentes

A quarta etapa do ciclo de vida do cliente é a expansão, onde o objetivo é maximizar o valor dos clientes existentes através de *upselling*, cross-*selling* e referências. Estratégias de vendas eficazes para esta etapa:

Identificar oportunidades de *upsell* e *cross*-sell com base nas necessidades e no histórico de compras do cliente;

Estabelecer comunicação regular com os clientes para discutir novos produtos, serviços ou promoções que possam ser de interesse;

Treinar sua equipe de vendas para reconhecer e aproveitar as oportunidades de expansão de forma eficiente e ética;

Encorajar referências de clientes satisfeitos, oferecendo incentivos e recompensas para indicações bem-sucedidas.

Defensores da marca: transformar clientes em embaixadores

A quinta etapa do ciclo de vida do cliente é a criação de defensores da marca, onde o objetivo é transformar clientes satisfeitos em embaixadores da sua empresa. Estratégias de vendas eficazes para esta etapa incluem:

Fornecer uma experiência excepcional ao cliente em todas as interações, garantindo que os clientes se sintam valorizados e apreciados;

Encorajar os clientes a compartilhar suas experiências positivas por meio de depoimentos, avaliações online e nas redes sociais;

Monitorar e responder ao feedback dos clientes nas redes sociais e outros canais de comunicação para demonstrar que a empresa se preocupa com a satisfação do cliente;

Desenvolver campanhas de marketing e eventos que envolvam os clientes e fortaleçam sua conexão com a marca

Compreender e adaptar estratégias de vendas para cada etapa do ciclo de vida do cliente é crucial para garantir o sucesso do departamento de vendas e a satisfação do cliente.

Ao implementar estratégias eficazes para atrair novos clientes, converter leads, reter e expandir o relacionamento com clientes existentes e criar defensores da marca, sua empresa estará bem posicionada para alcançar um crescimento sustentável e resultados significativos.

Lembre-se de que a chave para o sucesso em cada etapa do ciclo de vida do cliente é manter o foco nas necessidades e nos desejos do cliente, fornecendo soluções personalizadas e um serviço excepcional.

Como medir e analisar o desempenho da equipe de vendas

Medir e analisar o desempenho da equipe de vendas é essencial para o sucesso de qualquer departamento de vendas. Os dados gerados pela medição do desempenho da equipe de vendas permitem que os líderes de vendas tomem decisões informadas sobre como melhorar o desempenho individual e coletivo dos vendedores.

Métricas de desempenho de vendas

A medição do desempenho da equipe de vendas começa com a identificação das métricas apropriadas. Existem várias métricas que os líderes de vendas podem usar para avaliar o desempenho dos vendedores. Algumas das métricas mais comuns incluem:

- Receita gerada por vendedor
- Número de novos clientes adquiridos
- Taxa de conversão de vendas
- Valor médio de vendas por transação
- Taxa de retenção de clientes

Essas métricas fornecem uma visão geral do desempenho da equipe de vendas. No entanto, é importante lembrar que as métricas de desempenho devem ser específicas para o negócio e objetivos da empresa. É importante ter uma compreensão clara do que é importante medir e por quê.

Análise dos dados

Uma vez que as métricas de desempenho foram identificadas, é importante analisar os dados para entender melhor o desempenho individual e coletivo dos vendedores.

As ferramentas de análise de dados modernas podem ajudar os líderes de vendas a entender melhor os padrões de comportamento dos vendedores e identificar áreas de oportunidade para melhorar o desempenho.

Existem várias ferramentas de análise de dados que podem ser usadas para medir o desempenho da equipe de vendas. Uma das ferramentas mais comuns é o software de gerenciamento de relacionamento com o cliente (CRM). O CRM permite que os líderes de vendas capturem dados importantes sobre as interações com os clientes e usem esses dados para avaliar o desempenho dos vendedores.

Outra ferramenta de análise de dados é a análise de conversas de vendas. Com essa ferramenta, os líderes de vendas podem analisar as conversas de vendas entre os vendedores e os clientes para identificar padrões de comportamento e áreas de oportunidade para melhorar o desempenho.

A análise de dados também pode ser usada para identificar tendências de vendas e prever a demanda futura. Essas informações podem ser usadas para ajustar as estratégias de vendas e garantir que a equipe de vendas esteja preparada para atender à demanda.

A medição e análise do desempenho da equipe de vendas são fundamentais para o sucesso de qualquer departamento de vendas. As métricas de desempenho corretas devem ser identificadas e analisadas com ferramentas modernas de análise de dados para obter insights valiosos sobre o desempenho da equipe de vendas. Esses insights podem ser usados para ajustar as estratégias de vendas e garantir que a equipe esteja trabalhando de forma eficiente e eficaz.

É importante lembrar que a medição do desempenho da equipe de vendas não deve ser vista como um processo único ou isolado. Em vez disso, é um processo contínuo que deve ser integrado às atividades diárias de vendas e revisado regularmente para garantir que as métricas estejam sendo adequadamente avaliadas e ajustadas conforme necessário.

Por fim, para garantir que a medição e análise do desempenho da equipe de vendas sejam bem-sucedidas, é importante envolver a equipe de vendas no processo. Eles devem ser informados sobre as métricas que estão sendo usadas e por que são importantes.

Além disso, é importante fornecer feedback regular aos vendedores sobre seu desempenho individual e coletivo para que possam ajustar suas atividades diárias e melhorar continuamente.

Construindo um *playbook* de vendas

Um *playbook* de vendas é um conjunto de diretrizes e processos que ajudam a equipe de vendas a conduzir o processo de vendas de forma consistente e eficaz. Ter um *playbook* de vendas é fundamental para garantir que a equipe de vendas esteja alinhada com os objetivos de vendas da empresa e que todos estejam trabalhando com uma abordagem comum.

Neste capítulo, discutiremos como construir um playbook de vendas eficaz usando conceitos modernos para garantir que a equipe de vendas esteja alinhada e trabalhando de forma consistente.

Definindo a estrutura do playbook de vendas

Antes de começar a construir um playbook de vendas, é importante definir a estrutura e os componentes que estarão presentes. Um playbook de vendas eficaz deve incluir as seguintes seções:

Visão geral da empresa e dos produtos: esta seção deve fornecer uma visão geral da empresa e dos produtos ou serviços oferecidos. Deve incluir informações sobre a história da empresa, sua missão, valores, diferenciais competitivos e detalhes sobre os produtos ou serviços que a empresa oferece.

Personas do comprador: as personas do comprador são perfis fictícios que representam o cliente ideal da empresa. Esta seção deve descrever as diferentes personas do comprador e como a empresa atende às necessidades de cada uma delas.

Processo de vendas: esta seção deve descrever o processo de vendas da empresa, desde a prospecção até o fechamento. Deve incluir informações sobre como identificar leads qualificados, como conduzir reuniões de vendas, como lidar com objeções e como fechar uma venda.

Objeções comuns: esta seção deve descrever as objeções mais comuns que os vendedores enfrentam durante o processo de vendas e como superá-las. As objeções podem incluir preocupações com o preço, falta de necessidade, concorrência e outras questões.

Ferramentas de vendas: esta seção deve descrever as ferramentas de vendas que os vendedores podem usar para ajudá-los a fechar negócios. As ferramentas podem incluir apresentações, demonstrações de produtos, estudos de caso e outros materiais de marketing.

Métricas de vendas: esta seção deve descrever as métricas de vendas que a empresa usa para medir o sucesso da equipe de vendas. As métricas podem incluir o número de vendas fechadas, a taxa de conversão de vendas, a receita gerada por vendedor e outras métricas relevantes.

Desenvolvendo o *playbook* de vendas

Depois de definir a estrutura do *playbook* de vendas, é hora de desenvolver o conteúdo. Isso envolve trabalhar com os líderes de vendas e outros membros da equipe para criar o conteúdo que será incluído em cada seção.

Aqui estão algumas dicas para desenvolver o conteúdo do **playbook** de vendas:

Trabalhe com a equipe de vendas: envolva a equipe de vendas no processo de desenvolvimento do *playbook* de vendas. Eles são os especialistas em vendas e podem fornecer informações valiosas sobre o processo de vendas e as objeções comuns que enfrentam durante o processo de vendas.

Personalize as personas do comprador: as personas do comprador devem ser personalizadas para a empresa e seus produtos ou serviços. É importante entender as necessidades e desejos dos clientes para garantir que o *playbook* de vendas seja eficaz.

Descreva claramente o processo de vendas: o processo de vendas deve ser descrito de forma clara e concisa. Isso ajudará a equipe de vendas a entender como conduzir uma venda de forma consistente e eficaz.

Identifique objeções comuns: trabalhe com a equipe de vendas para identificar as objeções mais comuns que eles enfrentam durante o processo de vendas. Descreva como superar essas objeções e forneça exemplos práticos.

Inclua exemplos reais: inclua exemplos reais de vendas bem-sucedidas para ajudar a equipe de vendas a entender como aplicar as diretrizes e processos descritos no playbook de vendas.

Personalize as ferramentas de vendas: as ferramentas de vendas devem ser personalizadas para a empresa e seus produtos ou serviços. Inclua materiais de marketing relevantes e úteis para ajudar a equipe de vendas a fechar negócios.

Defina as métricas de vendas: as métricas de vendas devem ser definidas de forma clara e concisa. Isso ajudará a equipe de vendas a entender como seu desempenho está sendo medido e como podem melhorar.

Implementando o _playbook_ de vendas

Uma vez que o *playbook* de vendas tenha sido desenvolvido, é hora de implementá-lo na equipe de vendas. Aqui estão algumas dicas para garantir uma implementação eficaz do playbook de vendas:

Treinamento: forneça treinamento detalhado sobre o *playbook* de vendas para a equipe de vendas. Eles devem entender como usar o playbook de vendas e como aplicar as diretrizes e processos descritos.

Acompanhamento e feedback: acompanhe o desempenho da equipe de vendas e forneça feedback regular sobre seu desempenho. Isso ajudará a identificar áreas de oportunidade para melhorar o desempenho da equipe.

Atualização do *playbook* de vendas: o *playbook* de vendas deve ser atualizado regularmente para garantir que continue a ser relevante e eficaz. Isso pode envolver trabalhar com a equipe de vendas para identificar áreas de melhoria e fazer ajustes no playbook de vendas conforme necessário.

Construir um *playbook* de vendas eficaz é fundamental para o sucesso da equipe de vendas e da empresa como um todo. Um *playbook* de vendas bem desenvolvido deve incluir uma visão geral da empresa e dos produtos, personas do comprador, processo de vendas, objeções comuns, ferramentas de vendas e métricas de vendas.

É importante personalizar o *playbook* de vendas para a empresa e seus produtos ou serviços, envolver a equipe de vendas no processo de desenvolvimento e implementar o *playbook* de vendas de forma eficaz. Com um *playbook* de vendas eficaz, a equipe de vendas estará alinhada com os objetivos de vendas da empresa e trabalhando de forma consistente para fechar negócios de forma eficaz.

Como usar tecnologia para aumentar a eficiência da equipe de vendas

A tecnologia desempenha um papel cada vez mais importante no sucesso do departamento de vendas. Com as ferramentas certas, a equipe de vendas pode trabalhar com mais eficiência, fechar mais negócios e aumentar a receita da empresa. Neste capítulo, discutiremos como usar tecnologia para aumentar a eficiência da equipe de vendas.

Ferramentas de automação de vendas

As ferramentas de automação de vendas podem ajudar a equipe de vendas a trabalhar com mais eficiência e fechar mais negócios. Essas ferramentas incluem:

CRM: o software de gerenciamento de relacionamento com o cliente (CRM) ajuda a equipe de vendas a gerenciar informações importantes sobre os clientes, incluindo dados de contato, histórico de compras e interações anteriores. Isso permite que os vendedores personalizem sua abordagem e forneçam um melhor atendimento ao cliente.

Automação de e-mail: as ferramentas de automação de e-mail permitem que a equipe de vendas envie e-mails personalizados em massa para leads e clientes. Isso ajuda a manter a comunicação com os clientes em potencial e reduz o tempo gasto na criação de e-mails individuais.

Automação de fluxo de trabalho: as ferramentas de automação de fluxo de trabalho ajudam a equipe de vendas a gerenciar tarefas diárias, como o acompanhamento de leads, agendamento de reuniões e envio de materiais de marketing. Isso permite que os vendedores se concentrem nas atividades de vendas mais importantes.

Ferramentas de análise de vendas

As ferramentas de análise de vendas podem ajudar a equipe de vendas a entender melhor o desempenho e a identificar oportunidades para melhorias. Essas ferramentas incluem:

Análise de conversas de vendas: as ferramentas de análise de conversas de vendas permitem que os líderes de vendas analisem as conversas de vendas entre os vendedores e os clientes para identificar padrões de comportamento e áreas de oportunidade para melhorar o desempenho.

Análise de dados de vendas: as ferramentas de análise de dados de vendas ajudam a equipe de vendas a entender melhor as tendências de vendas, identificar áreas de oportunidade e tomar decisões informadas sobre a estratégia de vendas.

Análise de desempenho individual: as ferramentas de análise de desempenho individual permitem que os líderes de vendas analisem o desempenho individual dos vendedores e identifiquem áreas para melhorar.

Ferramentas de comunicação

As ferramentas de comunicação ajudam a equipe de vendas a manter a comunicação com os clientes e a equipe de vendas de forma eficiente. Essas ferramentas incluem:

Videoconferência: as ferramentas de videoconferência permitem que a equipe de vendas conduza reuniões de vendas virtuais com clientes em potencial e existentes. Isso ajuda a reduzir os custos de viagem e aumenta a eficiência das reuniões.

Mensagens instantâneas:

As ferramentas de mensagens instantâneas permitem que a equipe de vendas se comunique de forma rápida e eficiente, o que é particularmente útil para equipes que trabalham remotamente ou em diferentes locais geográficos.

Softwares de colaboração: as ferramentas de colaboração ajudam a equipe de vendas a trabalhar em conjunto em projetos e tarefas, permitindo que os vendedores compartilhem ideias e trabalhem em tempo real.

Ferramentas de inteligência artificial (IA): As ferramentas de IA estão cada vez mais presentes no departamento de vendas, ajudando a equipe a trabalhar com mais eficiência e eficácia. Essas ferramentas incluem:

Chatbots: os chatbots são programas de computador que simulam conversas humanas. Eles podem ser usados para responder perguntas comuns dos clientes, agendar reuniões e até mesmo fazer vendas.

Recomendações de produtos: a IA pode ser usada para analisar o histórico de compras de um cliente e recomendar produtos adicionais que podem ser de interesse.

Previsão de vendas: a IA pode ser usada para analisar dados de vendas e tendências de mercado para prever vendas futuras e identificar oportunidades de vendas.

As ferramentas tecnológicas discutidas neste capítulo podem ajudar a equipe de vendas a trabalhar com mais eficiência e eficácia, aumentando a produtividade e fechando mais negócios.

Ferramentas de automação de vendas, análise de vendas, comunicação e IA podem ajudar a equipe de vendas a gerenciar leads, personalizar a abordagem de vendas, analisar dados de vendas e prever oportunidades de vendas futuras

À medida que a tecnologia continua a evoluir, é importante para as empresas investir nas ferramentas certas para maximizar o potencial da equipe de vendas.

Escolhendo o melhor CRM para sua empresa

O sistema de gerenciamento de relacionamento com o cliente (CRM) é uma ferramenta essencial para qualquer departamento de vendas bem-sucedido. Um CRM eficiente permite que sua equipe gerencie leads, monitore o progresso das vendas e melhore o relacionamento com os clientes. Com tantas opções de CRM disponíveis no mercado, pode ser difícil determinar qual solução é a melhor para sua empresa.

Fatores a considerar ao escolher um CRM

Ao escolher um CRM para sua empresa, é importante considerar os seguintes fatores:

Funcionalidades: o CRM deve oferecer os recursos e funcionalidades necessários para apoiar os processos e objetivos específicos de vendas de sua empresa

Integração: o CRM deve ser capaz de se integrar facilmente com outras ferramentas e sistemas que sua empresa já utiliza, como sistemas de automação de marketing e software de atendimento ao cliente

Facilidade de uso: o CRM deve ser intuitivo e fácil de usar para que sua equipe de vendas possa começar a usá-lo rapidamente e com eficiência

Personalização: o CRM deve ser flexível o suficiente para ser personalizado de acordo com as necessidades e preferências específicas de sua empresa

Escalabilidade: o CRM deve ser capaz de crescer com sua empresa, permitindo que você adicione recursos e funcionalidades conforme necessário

Preço: o CRM deve caber no orçamento de sua empresa e oferecer um bom retorno sobre o investimento

Principais soluções de CRM no mercado atualmente

Aqui estão algumas das principais soluções de CRM disponíveis no mercado atualmente:

Salesforce: o Salesforce é um dos CRMs mais populares e amplamente utilizados, oferecendo uma ampla gama de funcionalidades, incluindo gerenciamento de leads, automação de vendas, análise de dados e integração com uma ampla variedade de aplicativos e sistemas

HubSpot CRM: o HubSpot CRM é uma solução de CRM fácil de usar e escalável que oferece recursos de gerenciamento de leads, automação de vendas e análise de dados, além de integração perfeita com as outras ferramentas de marketing e vendas do HubSpot

Zoho CRM: o Zoho CRM é uma solução de CRM abrangente e personalizável que oferece recursos de gerenciamento de leads, automação de vendas, análise de dados e integração com outras ferramentas e sistemas da Zoho, como o Zoho Desk e o Zoho Mail

Microsoft Dynamics 365 Sales: o Microsoft Dynamics 365 Sales é uma solução de CRM empresarial que oferece recursos de gerenciamento de leads, automação de vendas, análise de dados e integração com outras soluções da Microsoft, como o Office 365 e o Microsoft Teams

Pipedrive: o Pipedrive é um CRM projetado especificamente para equipes de vendas, oferecendo recursos de gerenciamento de leads, automação de vendas e análise de dados, além de uma interface intuitiva e fácil de usar Testando e avaliando soluções de CRM

Antes de tomar uma decisão final sobre o melhor CRM para sua empresa, é importante testar e avaliar várias soluções para garantir que você faça a escolha certa. Muitos fornecedores de CRM oferecem avaliações gratuitas ou demos, permitindo que você experimente seus sistemas antes de se comprometer. Durante a fase de avaliação, certifique-se de envolver sua equipe de vendas no processo para obter feedback sobre a facilidade de uso e a eficácia das ferramentas em suas atividades diárias.

RD Station: o RD Station é uma solução de CRM e automação de marketing desenvolvida pela Resultados Digitais, uma empresa brasileira. O RD Station oferece recursos de gerenciamento de leads, automação de vendas e análise de dados, além de integração com outras ferramentas de marketing e vendas. Focado no mercado latino-americano, o RD Station é uma opção atraente para empresas que buscam um CRM com suporte local e recursos adaptados às necessidades específicas dessa região.

Moskit: o Moskit é um CRM brasileiro voltado para pequenas e médias empresas, oferecendo uma solução simples e eficiente para gerenciamento de relacionamento com o cliente. O Moskit inclui recursos de gerenciamento de leads, automação de vendas, análise de dados e integração com outras ferramentas, como e-mail e telefonia. Com uma interface intuitiva e fácil de usar, o Moskit é uma opção atraente para empresas que procuram um CRM que seja fácil de implementar e gerenciar.

Escolher o melhor CRM para sua empresa é uma decisão importante que pode ter um impacto significativo no sucesso de seu departamento de vendas.

Ao considerar fatores como funcionalidades, integração, facilidade de uso, personalização, escalabilidade e preço, você pode selecionar a solução de CRM mais adequada às necessidades específicas de sua empresa.

Testar e avaliar várias soluções, como Salesforce, HubSpot CRM, Zoho CRM, Microsoft Dynamics 365 Sales, Pipedrive, RD Station e Moskit, ajudará a garantir que você faça a escolha certa e maximize o retorno sobre o investimento em sua solução de CRM escolhida.

Como usar dados para tomar decisões de vendas mais inteligentes

No mundo atual, a tomada de decisões baseada em dados é fundamental para o sucesso em vendas. Com a quantidade crescente de informações disponíveis, as empresas têm a oportunidade de analisar e utilizar esses dados para tomar decisões de vendas mais informadas e eficazes.

Vamos explorar como usar dados para melhorar a tomada de decisões em vendas, desde a identificação de oportunidades de mercado até o ajuste de estratégias e a otimização de processos.

Identificando oportunidades de mercado

Uma das maneiras mais eficazes de usar dados para tomar decisões de vendas mais inteligentes é analisar tendências e padrões de mercado para identificar oportunidades. Isso pode incluir a análise de dados demográficos, comportamentais e de consumo para identificar segmentos de mercado com maior probabilidade de comprar seus produtos ou serviços.

Além disso, analisar dados de vendas históricos e dados sazonais pode ajudá-lo a prever demandas futuras e alocar recursos de maneira mais eficiente.

Segmentando e priorizando leads

Usar dados para segmentar e priorizar leads é outra maneira eficaz de melhorar a tomada de decisões em vendas. Ao analisar dados sobre o comportamento e as preferências de seus leads, você pode criar segmentos de mercado mais específicos e direcionar suas ofertas e mensagens de vendas de acordo.

A análise de dados de engajamento e interação pode ajudá-lo a identificar e priorizar leads com maior probabilidade de conversão, permitindo que sua equipe de vendas se concentre nos leads mais promissores.

Otimizando estratégias de vendas

A análise de dados de vendas também pode ajudá-lo a otimizar suas estratégias de vendas e melhorar a eficácia de sua equipe. Isso pode incluir a análise de dados de desempenho de vendas para identificar áreas de força e fraqueza, bem como a realização de testes A/B para determinar as táticas de vendas mais eficazes.

Monitorar as métricas de vendas e ajustar suas estratégias com base nos resultados ajudará a garantir que você esteja sempre tomando decisões informadas e adaptando-se às mudanças nas condições de mercado.

Melhorando a eficiência do processo de vendas

Os dados também podem ser usados para melhorar a eficiência do processo de vendas, identificando gargalos e ineficiências que possam estar impedindo o sucesso de sua equipe. Isso pode incluir a análise de dados de tempo de resposta, taxa de conversão e tempo médio de fechamento para identificar áreas em que melhorias podem ser feitas. Ao abordar esses problemas e otimizar seu processo de vendas, você pode aumentar a produtividade de sua equipe e melhorar seus resultados.

Monitorando e ajustando o desempenho

Por fim, é importante usar dados para monitorar continuamente o desempenho de sua equipe de vendas e fazer ajustes conforme necessário. Isso pode incluir a análise regular de métricas e indicadores-chave de desempenho (KPIs) para garantir que sua equipe esteja cumprindo as metas e objetivos estabelecidos. Usar dados para identificar áreas de melhoria e fornecer feedback e treinamento direcionado aos membros da equipe pode ajudar a impulsionar o desempenho e a motivação.

Utilizando ferramentas e tecnologias de análise de dados

Para aproveitar ao máximo os dados em seu processo de vendas, é essencial utilizar as ferramentas e tecnologias certas para coletar, analisar e visualizar essas informações. Algumas soluções de CRM, como Salesforce, HubSpot e Microsoft Dynamics 365, oferecem recursos avançados de análise de dados que permitem identificar tendências, padrões e oportunidades com facilidade.

Ferramentas como Tableau, Power BI e Google Data Studio podem ser úteis para criar painéis de controle personalizados e visualizações de dados interativas que ajudam a comunicar informações de vendas de maneira mais eficaz.

A tomada de decisões baseada em dados é fundamental para o sucesso de um departamento de vendas vencedor. Ao utilizar dados para identificar oportunidades de mercado, segmentar e priorizar leads, otimizar estratégias de vendas, melhorar a eficiência do processo de vendas e monitorar e ajustar o desempenho, você pode tomar decisões de vendas mais inteligentes e impulsionar o sucesso de sua equipe.

Ao investir em ferramentas e tecnologias de análise de dados, você estará melhor equipado para aproveitar o poder dos dados e garantir que seu departamento de vendas esteja sempre um passo à frente da concorrência.

O papel do marketing na geração de leads para vendas

A geração de leads é um componente crítico do sucesso de um departamento de vendas. Sem leads de qualidade, a equipe de vendas terá dificuldades em atingir suas metas e impulsionar o crescimento da empresa. Neste contexto, o marketing desempenha um papel crucial na geração de leads e na criação de oportunidades de vendas.

A importância da geração de leads no marketing

A geração de leads é uma das principais responsabilidades do departamento de marketing. Ao criar campanhas e conteúdo que atraem e envolvem o público-alvo, o marketing cria oportunidades para a equipe de vendas se conectar com leads e convertê-los em clientes. Um processo de geração de leads bem-sucedido pode ajudar a aumentar a receita, impulsionar o crescimento e garantir a sustentabilidade a longo prazo da empresa.

Estratégias e táticas para a geração de leads

Existem várias estratégias e táticas que os profissionais de marketing podem usar para gerar leads e criar oportunidades de vendas. Algumas dessas abordagens incluem:

Marketing de conteúdo: A criação e promoção de conteúdo relevante e valioso (como *blog posts, e-books, whitepapers e webinars*) pode atrair e envolver seu público-alvo, estabelecendo sua empresa como uma fonte confiável de informações e gerando leads no processo.

SEO (Search Engine Optimization): Otimizar seu site e conteúdo para mecanismos de pesquisa pode aumentar a visibilidade online de sua empresa, direcionar tráfego orgânico e gerar leads de alta qualidade.

Publicidade paga: Utilizar anúncios pagos em mecanismos de pesquisa e plataformas de mídia social pode ajudar a direcionar o tráfego para suas páginas de destino, aumentar a exposição de sua marca e gerar leads rapidamente.

Redes sociais: A promoção de sua marca e conteúdo nas redes sociais pode ajudar a atrair e engajar seu público-alvo, além de gerar leads por meio de compartilhamentos, comentários e interações.

E-mail marketing: Campanhas de e-mail marketing podem ser usadas para nutrir leads, compartilhar conteúdo relevante e incentivar a conversão.

Nutrindo leads e preparando-os para a equipe de vendas

Além de gerar leads, o marketing também é responsável por nutri-los e prepará-los para a equipe de vendas. Isso pode incluir a implementação de programas de nutrição de leads que envolvem o envio regular de conteúdo relevante e personalizado, bem como a utilização de técnicas de segmentação e pontuação de leads para identificar aqueles que estão prontos para serem abordados pela equipe de vendas.

Alinhando marketing e vendas para maximizar o sucesso

Para garantir o sucesso na geração de leads e conversão de vendas, é crucial que os departamentos de marketing e vendas estejam alinhados e trabalhem juntos em direção aos objetivos comuns. Isso pode ser alcançado por meio de uma comunicação clara e regular entre as equipes, estabelecendo metas compartilhadas e métricas de desempenho e colaborando em estratégias e táticas de geração de leads. Algumas etapas para alinhar marketing e vendas incluem:

Estabelecer um processo claro de transferência de leads: Defina um processo para passar leads qualificados do marketing para vendas, incluindo critérios de qualificação, pontuação de leads e etapas de acompanhamento.

Compartilhar informações e insights: As equipes de marketing e vendas devem compartilhar regularmente informações e insights sobre leads, clientes e tendências do mercado para garantir que ambas estejam trabalhando com base nas informações mais recentes e relevantes.

Definir metas e KPIs compartilhados: Estabeleça metas e indicadores-chave de desempenho (KPIs) compartilhados que reflitam os objetivos comuns de marketing e vendas, como a geração de leads, conversão de vendas e receita.

Colaborar em campanhas e iniciativas: As equipes de marketing e vendas devem trabalhar juntas para desenvolver e executar campanhas e iniciativas que gerem leads e apoiem o processo de vendas, como eventos, promoções e campanhas de conteúdo.

O papel do marketing na geração de leads é fundamental para o sucesso de um departamento de vendas vencedor. Ao desenvolver e implementar estratégias e táticas eficazes de geração de leads, nutrindo e preparando leads para a equipe de vendas e alinhando esforços de marketing e vendas, as empresas podem maximizar o potencial de suas iniciativas de geração de leads e impulsionar o crescimento e a receita.

Ao trabalhar juntos, os departamentos de marketing e vendas podem garantir que a geração de leads seja um processo contínuo e bem-sucedido, levando a resultados impressionantes para toda a empresa.

Desenvolvendo uma estratégia de marketing para vendas

Uma estratégia de marketing eficaz é fundamental para o sucesso de um departamento de vendas. A estratégia de marketing para vendas é um plano direcionado a atrair, envolver e converter leads, apoiando a equipe de vendas em todo o processo de vendas. Neste capítulo, discutiremos as etapas para desenvolver uma estratégia de marketing para vendas, incluindo a definição de objetivos, a identificação do público-alvo, a seleção de táticas e a medição do desempenho.

Definindo objetivos de marketing para vendas

O primeiro passo para desenvolver uma estratégia de marketing para vendas é definir objetivos claros e mensuráveis. Esses objetivos devem ser específicos, atingíveis, relevantes e baseados no tempo e podem incluir metas relacionadas à geração de leads, conversão de vendas, fidelização de clientes ou crescimento da receita.

Os objetivos de marketing para vendas devem estar alinhados com os objetivos gerais da empresa e do departamento de vendas.

Identificando o público-alvo

O próximo passo é identificar o público-alvo para sua estratégia de marketing para vendas. Isso envolve a análise de informações demográficas, psicográficas e comportamentais sobre seus clientes atuais e potenciais, a fim de criar perfis de compradores ideais.

Esses perfis de compradores ajudam a equipe de marketing a desenvolver mensagens e conteúdo direcionados, que ressoem com o público-alvo e apoiem os objetivos de vendas.

Criando um plano de marketing para vendas

Depois de selecionar suas táticas e canais de marketing, é hora de criar um plano de marketing para vendas detalhado. Este plano deve incluir informações sobre seus objetivos, público-alvo, táticas e canais de marketing selecionados, bem como um cronograma e orçamento para a implementação das atividades de marketing.

Também é importante incluir detalhes sobre a coordenação entre as equipes de marketing e vendas, garantindo uma abordagem integrada e colaborativa para alcançar seus objetivos.

Implementando a estratégia de marketing para vendas

Com um plano detalhado em mãos, você pode começar a implementar sua estratégia de marketing para vendas. Isso envolve a criação e promoção de conteúdo, a otimização de seu site e mídias sociais, a execução de campanhas de e-mail marketing e publicidade paga e a monitoração dos resultados.

Durante a implementação, é essencial que as equipes de marketing e vendas trabalhem juntas para garantir a transferência eficiente de leads qualificados e para ajustar as atividades de marketing conforme necessário.

Medindo o desempenho da estratégia de marketing para vendas

Para garantir o sucesso de sua estratégia de marketing para vendas, é crucial medir seu desempenho e ajustar as táticas e abordagens conforme necessário. Isso envolve o rastreamento de métricas-chave de desempenho (KPIs), como geração de leads, taxa de conversão, custo por lead, ciclo de vendas e retorno do investimento em marketing (ROI).

A análise dessas métricas pode ajudar a identificar áreas de sucesso e oportunidades de melhoria, permitindo que você otimize sua estratégia de marketing para vendas e maximize o impacto em seus objetivos de vendas.

Desenvolver uma estratégia de marketing para vendas envolve a definição de objetivos claros, a identificação do público-alvo, a seleção de táticas e canais de marketing eficazes, a criação de um plano detalhado e a implementação e medição do desempenho da estratégia.

Ao seguir essas etapas e trabalhar em estreita colaboração com a equipe de vendas, você pode criar uma estratégia de marketing para vendas que apoie o sucesso de seu departamento de vendas e contribua para o crescimento e a rentabilidade de sua empresa.

Como criar conteúdo relevante para sua audiência

O marketing de conteúdo é uma parte essencial de qualquer estratégia de marketing e vendas bem-sucedida. Criar conteúdo relevante e envolvente ajuda a atrair, nutrir e converter leads, além de estabelecer sua empresa como uma autoridade em seu setor.

Pesquisando tópicos e tendências do setor

Para criar conteúdo relevante, é fundamental começar com uma pesquisa sólida. Isso envolve investigar tópicos e tendências em seu setor, bem como os interesses e necessidades de sua audiência. Algumas maneiras de pesquisar tópicos e tendências incluem:

> Monitorar fóruns e grupos de discussão online relacionados ao seu setor;
>
> Acompanhar as notícias e os desenvolvimentos da indústria;
>
> Ler blogs e publicações influentes em seu campo;
>
> Realizar pesquisas de palavras-chave para identificar termos populares e relevantes.

Esta pesquisa ajudará a identificar áreas de interesse para sua audiência e fornecerá insights sobre os tópicos que são mais relevantes e atraentes.

Identificando as necessidades e interesses da sua audiência

Ao criar conteúdo relevante, é importante entender as necessidades e interesses específicos de sua audiência. Isso pode ser feito por meio de pesquisas de mercado, análise de dados demográficos e comportamentais e feedback direto dos clientes. Ao identificar as necessidades e interesses de sua audiência, você pode criar conteúdo que aborde essas áreas e forneça valor real aos leitores.

Produzindo conteúdo envolvente e informativo

Com uma compreensão clara dos tópicos e tendências do setor e das necessidades de sua audiência, você pode começar a produzir conteúdo envolvente e informativo. Algumas dicas para criar conteúdo relevante incluem:

Focar na qualidade em vez de quantidade: Invista tempo e recursos na criação de conteúdo de alta qualidade que forneça informações valiosas e insights aos leitores.

Ser original e autêntico: Evite o uso excessivo de jargões e clichês e, em vez disso, adote uma voz autêntica e original que reflita a personalidade e os valores de sua marca.

Usar uma variedade de formatos de conteúdo: Experimente diferentes formatos de conteúdo, como blogs, vídeos, webinars, e-books e infográficos, para manter sua audiência envolvida e interessada.

Incluir histórias e exemplos: As histórias são uma maneira poderosa de envolver sua audiência e ilustrar pontos importantes. Inclua exemplos e histórias reais para tornar seu conteúdo mais relevante e cativante.

Otimizando seu conteúdo para SEO

O conteúdo relevante não é apenas sobre o que você escreve, mas também como você o apresenta. Otimizar seu conteúdo para SEO (*Search Engine Optimization*) é uma parte importante da criação de conteúdo relevante, garant indo que seu público possa encontrá-lo facilmente nos mecanismos de busca. Algumas dicas para otimizar seu conteúdo para SEO incluem:

Pesquisar e usar palavras-chave relevantes: Identifique as palavras-chave mais relevantes para seu tópico e inclua-as de forma natural e estratégica ao longo do seu conteúdo.

Criar títulos e subtítulos atraentes: Use títulos e subtítulos que sejam interessantes e informativos e que incluam suas palavras-chave.

Otimizar meta *tags* e descrições: Escreva meta *tags* e descrições atraentes e relevantes que incluam suas palavras-chave e incentivem os usuários a clicar no seu conteúdo.

Incluir links internos e externos: Adicione links para outras páginas do seu site e fontes externas relevantes para melhorar a experiência do usuário e aumentar a autoridade do seu conteúdo.

Promovendo e compartilhando seu conteúdo

Depois de criar conteúdo relevante e otimizado para SEO, é importante promovê-lo e compartilhá-lo com sua audiência. Algumas estratégias para promover e compartilhar seu conteúdo incluem:

Utilizar mídias sociais: Compartilhe seu conteúdo nas mídias sociais relevantes e incentive sua audiência a compartilhar e interagir com o conteúdo.

Enviar newsletters por e-mail: Inclua seu conteúdo em newsletters por e-mail para informar sua audiência sobre novos recursos e mantê-los engajados.

Colaborar com influenciadores e parceiros do setor: Trabalhe com influenciadores e parceiros do setor para ampliar o alcance do seu conteúdo e atrair novos públicos.

Participar de eventos e conferências: Apresente seu conteúdo em eventos e conferências do setor para aumentar a visibilidade e estabelecer sua autoridade no assunto.

Criar conteúdo relevante para sua audiência é essencial para o sucesso de suas estratégias de marketing e vendas. Ao pesquisar tópicos e tendências do setor, identificar as necessidades do público, produzir conteúdo envolvente e informativo, otimizar para SEO e promover e compartilhar seu conteúdo, você pode atrair e nutrir leads e estabelecer sua empresa como uma autoridade em seu campo. Isso, por sua vez, resultará em um departamento de vendas mais eficaz e bem-sucedido.

Utilizando mídias sociais para gerar leads de vendas

As mídias sociais têm sido uma ferramenta cada vez mais importante para as empresas na geração de leads e no desenvolvimento de relacionamentos com clientes em potencial. Aqui, exploraremos como utilizar as mídias sociais para gerar leads de vendas, abordando estratégias específicas, a importância da segmentação de público e como medir o sucesso de suas campanhas nas mídias sociais.

Escolhendo as plataformas adequadas

O primeiro passo para utilizar mídias sociais na geração de leads de vendas é escolher as plataformas mais adequadas para sua empresa e seu público-alvo. Algumas das principais plataformas incluem Facebook, Instagram, LinkedIn, Twitter e YouTube. Cada plataforma tem seu próprio conjunto de recursos e público-alvo, portanto, é importante selecionar aquelas que melhor se alinham com seus objetivos de vendas e o perfil do seu público.

Segmentação do público

Segmentar seu público é fundamental para gerar leads de vendas de qualidade nas mídias sociais. Ao direcionar seu conteúdo e suas campanhas para um público específico, você aumentará a relevância e a eficácia de suas ações de marketing. Para segmentar seu público com eficácia, considere os seguintes fatores:

Demografia: idade, gênero, localização, renda e educação.

Comportamento: interesses, hobbies, estilo de vida e comportamento de compra.

Necessidades e desafios: identifique os problemas e desafios que seu público enfrenta e como sua empresa pode ajudá-los a resolvê-los.

Estratégias específicas para geração de leads nas mídias sociais

Existem várias estratégias que você pode utilizar para gerar leads de vendas nas mídias sociais. Algumas dessas estratégias incluem:

Compartilhar conteúdo valioso e informativo: Crie e compartilhe conteúdo relevante que aborde as necessidades e interesses de seu público-alvo. Isso ajudará a estabelecer sua empresa como uma autoridade em seu setor e atrair leads interessados em seus produtos ou serviços.

Interagir com seu público: Responda a comentários, perguntas e mensagens de seu público nas mídias sociais. Isso demonstra que sua empresa se importa com seus clientes e está disponível para ajudá-los.

Promover ofertas e promoções exclusivas: Utilize as mídias sociais para oferecer descontos, promoções e ofertas exclusivas a seus seguidores. Isso incentivará a ação e ajudará a gerar leads de vendas.

Utilizar publicidade paga: Aproveite a segmentação avançada disponível nas plataformas de mídia social para promover seus produtos e serviços diretamente ao seu público-alvo por meio de anúncios pagos.

Integrando mídias sociais e outras estratégias de marketing

Para obter melhores resultados na geração de leads de vendas, é importante integrar suas estratégias de mídias sociais com outras ações de marketing, como marketing de conteúdo, marketing por e-mail e SEO. Isso proporcionará uma abordagem mais holística e aumentará a probabilidade de converter leads em clientes. Algumas maneiras de integrar as mídias sociais às suas outras estratégias de marketing incluem:

Compartilhar conteúdo do seu blog: Quando publicar um novo post no blog, compartilhe-o nas mídias sociais para aumentar sua visibilidade e atrair mais leads.

Incentivar inscrições em *newsletters*: Use suas plataformas de mídia social para promover sua newsletter por e-mail e incentivar os seguidores a se inscreverem.

Colaborar com influenciadores: Trabalhe com influenciadores do seu setor para criar e compartilhar conteúdo em suas respectivas mídias sociais. Isso ampliará o alcance do seu conteúdo e ajudará a atrair novos leads.

Aproveitar o poder dos grupos e comunidades: Participe de grupos e comunidades nas mídias sociais que sejam relevantes para o seu setor e público-alvo. Compartilhe seu conhecimento e estabeleça relacionamentos com outros membros para gerar leads.

Medindo o sucesso das suas campanhas nas mídias sociais

Para garantir que suas estratégias de mídia social sejam eficazes na geração de leads de vendas, é importante medir e analisar seu desempenho. Algumas métricas importantes a serem monitoradas incluem:

Engajamento: O engajamento do público com seu conteúdo nas mídias sociais, como curtidas, comentários e compartilhamentos, é um bom indicador de interesse e pode levar a leads de vendas.

Conversões: Acompanhe quantos leads de mídia social se convertem em clientes. Isso ajudará você a determinar a eficácia de suas campanhas e ajustar suas estratégias conforme necessário.

Custo por lead: Calcule o custo de aquisição de cada lead gerado através de suas campanhas de mídia social. Isso ajudará você a determinar se suas estratégias são rentáveis e a identificar áreas de melhoria.

Retorno sobre investimento (ROI): Monitore o ROI de suas campanhas de mídia social para garantir que você esteja obtendo um retorno positivo sobre seu investimento em marketing.

As mídias sociais são uma ferramenta poderosa para gerar leads de vendas e estabelecer relacionamentos com clientes em potencial.

Ao escolher as plataformas adequadas, segmentar seu público, implementar estratégias específicas de geração de leads, integrar suas ações de mídia social com outras estratégias de marketing e medir o sucesso de suas campanhas, você estará no caminho certo para construir um departamento de vendas vencedor.

Não se esqueça de sempre testar e ajustar suas abordagens para continuar melhorando seus resultados e alcançar o sucesso em suas vendas.

Estratégias para otimizar seu site para vendas

Seu site é uma ferramenta essencial para gerar leads, construir relacionamentos com clientes e fechar vendas. Portanto, é fundamental que você otimize seu site para garantir que ele seja eficaz na conversão de visitantes em clientes.

Design responsivo

Um design responsivo é crucial para garantir que seu site seja acessível e funcione bem em todos os dispositivos, incluindo *desktops, tablets* e *smartphones*. Um site responsivo ajusta seu layout e conteúdo automaticamente com base no tamanho da tela do dispositivo, proporcionando uma experiência de usuário agradável e consistente. Isso é especialmente importante, pois cada vez mais consumidores usam dispositivos móveis para pesquisar produtos e serviços.

Navegação intuitiva

A navegação do seu site deve ser clara e fácil de usar, permitindo que os visitantes encontrem rapidamente as informações que procuram. Algumas dicas para melhorar a navegação do seu site incluem:

Organize seu conteúdo em categorias lógicas e hierárquicas

Inclua um menu principal visível em todas as páginas;

Ofereça uma função de pesquisa para ajudar os visitantes a encontrar informações específicas;

Use títulos e subtítulos claros para facilitar a leitura e a compreensão.

Calls-to-action (CTAs) claros

Os *calls-to-action* são *prompts* que incentivam os visitantes a realizar uma ação específica, como se inscrever em sua newsletter, baixar um e-book ou entrar em contato com sua equipe de vendas.

CTAs eficazes são cruciais para converter visitantes em leads e clientes. Algumas dicas para criar CTAs claros e eficazes incluem:

Use cores contrastantes para que os CTAs se destaquem no design do seu site;

Escolha palavras de ação que incentivem os visitantes a agir (por exemplo, "Baixe agora", "Fale conosco" ou "Compre já");

Coloque os CTAs em locais estratégicos em todo o seu site, como no cabeçalho, no final de postagens de blog e nas páginas de produto.

Conteúdo relevante e valioso

O conteúdo do seu site deve ser relevante e valioso para o seu público-alvo, abordando suas necessidades, desafios e interesses.

O conteúdo de qualidade não apenas atrairá visitantes para o seu site, mas também os ajudará a tomar decisões informadas sobre seus produtos ou serviços. Além disso, um bom conteúdo pode melhorar sua presença nos mecanismos de busca e aumentar sua visibilidade online. Algumas dicas para criar conteúdo relevante incluem:

Publique regularmente postagens de *blog* que abordem tópicos de interesse do seu público;

Crie páginas de produtos detalhadas que destaquem os recursos, benefícios e especificações do seu produto;

Ofereça recursos úteis, como e-books, *whitepapers* e vídeos, que agreguem valor e eduquem seu público.

Testemunhos e estudos de caso: inclua testemunhos de clientes satisfeitos e estudos de caso bem-sucedidos para aumentar a credibilidade da sua marca e demonstrar o valor dos seus produtos ou serviços.

Otimização para mecanismos de busca (SEO)

A otimização para mecanismos de busca (SEO) é essencial para garantir que seu site seja facilmente encontrado por clientes em potencial. Algumas práticas recomendadas de SEO incluem:

Realizar pesquisas de palavras-chave para identificar os termos mais relevantes e populares para o seu público;

Incorporar palavras-chave de maneira natural e estratégica ao longo do seu conteúdo;

Otimizar elementos on-*page*, como títulos, meta descrições e *URLs*;

Obter *backlinks* de alta qualidade de sites respeitáveis e relacionados ao seu setor;

Monitorar e analisar o tráfego do seu site e ajustar suas estratégias de SEO conforme necessário.

Implementação de análises e acompanhamento de desempenho

Acompanhar e analisar o desempenho do seu site é crucial para identificar áreas de melhoria e garantir que suas estratégias de otimização sejam eficazes. Utilize ferramentas analíticas, como o *Google Analytics*, para medir métricas importantes, como tráfego do site, tempo médio na página, taxa de rejeição e conversões.

Essas informações podem ajudá-lo a entender melhor o comportamento dos visitantes e a ajustar suas estratégias de otimização de vendas conforme necessário.

Otimizar seu site para vendas é um processo contínuo que requer atenção aos detalhes e a capacidade de se adaptar às mudanças nas preferências do público e nas tendências do mercado.

Ao implementar as estratégias mencionadas neste capítulo, você estará no caminho certo para transformar seu site em uma poderosa ferramenta de vendas e garantir o sucesso do seu departamento de vendas.

Lembre-se de monitorar continuamente o desempenho do seu site e ajustar suas estratégias conforme necessário para manter-se atualizado e relevante para o seu público-alvo.

Como usar o e-mail marketing para gerar vendas

O e-mail marketing é uma ferramenta poderosa e econômica que pode ajudar a gerar vendas e aumentar a retenção de clientes. Ele permite que você se conecte diretamente com sua base de clientes, construa relacionamentos e promova seus produtos e serviços de maneira eficaz.

Construa uma lista de e-mail de qualidade

O primeiro passo para o sucesso do e-mail marketing é construir uma lista de e-mail de qualidade, composta por clientes em potencial e existentes que demonstraram interesse em sua marca e produtos. Algumas maneiras de construir uma lista de e-mails incluem:

Adicionar um formulário de inscrição em seu site e blog

Oferecer um incentivo para se inscrever, como um desconto ou um e-book gratuito;

Coletar endereços de e-mail em eventos e feiras comerciais;

Integrar o registro de e-mail em seus processos de venda e atendimento ao cliente.

Lembre-se de que a qualidade é mais importante do que a quantidade ao construir sua lista de e-mails. É melhor ter uma lista menor de assinantes engajados do que uma lista maior de pessoas que não estão interessadas em seu conteúdo.

Crie campanhas segmentadas

Para aumentar a eficácia de suas campanhas de e-mail marketing, é importante segmentar sua lista de e-mails com base em critérios específicos, como localização, histórico de compras ou interesses. Isso permite que você personalize seu conteúdo e ofertas para melhor atender às necessidades de cada segmento.

As campanhas segmentadas geralmente têm taxas de abertura e conversão mais altas, pois o conteúdo é mais relevante e atraente para o destinatário.

Desenvolva conteúdo relevante e valioso

O conteúdo do seu e-mail marketing deve ser relevante e valioso para seus assinantes. Isso pode incluir informações sobre novos produtos, ofertas especiais, dicas úteis e histórias de sucesso de clientes. Um conteúdo de qualidade ajudará a construir confiança e relacionamentos com sua base de clientes, aumentando a probabilidade de eles se tornarem clientes fiéis e realizarem compras.

Use uma linha de assunto atraente

A linha de assunto é um dos elementos mais importantes de um e-mail marketing, pois é a primeira coisa que os destinatários veem. Uma linha de assunto atraente e relevante aumenta a probabilidade de seus e-mails serem abertos e lidos. Algumas dicas para criar linhas de assunto eficazes incluem:

Mantenha as linhas de assunto curtas e diretas ao ponto

Use palavras e frases que despertem interesse e curiosidade;

Personalize a linha de assunto, incluindo o nome do destinatário, quando apropriado;

Teste e otimize suas campanhas.

Para garantir o sucesso de suas campanhas de e-mail marketing, é importante testar e otimizar continuamente seus e-mails e estratégias. Isso pode incluir testes A/B de diferentes linhas de assunto, designs de e-mail, conteúdo e ofertas.

Monitore e analise os resultados de suas campanhas, como taxas de abertura, cliques e conversões, para identificar áreas de melhoria e ajustar suas estratégias conforme necessário.

Estabeleça uma frequência de envio adequada

Encontrar a frequência ideal de envio de e-mails é crucial para manter o engajamento do assinante e evitar o cancelamento de inscrições. Enviar e-mails com muita frequência pode levar ao desgaste do assinante, enquanto o envio de e-mails muito raramente pode fazer com que sua marca seja esquecida. Considere começar com uma frequência mensal ou quinzenal e ajuste conforme necessário com base no feedback dos assinantes e no desempenho da campanha.

Automatize e-mails de acompanhamento

A automação de e-mail marketing é uma maneira eficiente de manter o engajamento do cliente e aumentar as vendas sem sobrecarregar sua equipe de vendas. Utilize gatilhos específicos, como ações no site ou datas importantes, para enviar e-mails automatizados de acompanhamento. Por exemplo, você pode enviar e-mails de carrinho abandonado para lembrar os clientes de completar suas compras ou e-mails de aniversário com ofertas especiais para comemorar a ocasião.

Integre o e-mail marketing com outras estratégias de vendas

O e-mail marketing deve ser uma parte integrante de sua estratégia de vendas geral, trabalhando em conjunto com outras táticas, como mídias sociais, SEO e marketing de conteúdo. Isso ajudará a garantir uma abordagem holística e coesa para alcançar e converter clientes em potencial.

O e-mail marketing é uma estratégia de vendas comprovada que pode gerar resultados significativos quando implementada corretamente. Ao seguir as práticas recomendadas e estratégias discutidas neste capítulo, você estará no caminho certo para criar campanhas de e-mail marketing bem-sucedidas e impulsionar as vendas em seu departamento de vendas.

Teste e ajuste continuamente suas campanhas para garantir que você esteja atendendo às necessidades e preferências de sua base de clientes em evolução.

Desenvolvendo uma estratégia de *upsell* e *cross-sell*

Em um departamento de vendas vencedor, é fundamental maximizar a receita gerada de cada cliente. Duas estratégias eficazes para atingir esse objetivo são o *upsell* e o *cross*-sell. O *upsell* envolve vender um produto ou serviço de maior valor ao cliente, enquanto o *cross-sell* envolve vender produtos ou serviços complementares.

A importância do *upsell* e *cross-sell*

Maximizar o valor do cliente: O *upsell* e o *cross*-sell permitem que você extraia mais valor de cada cliente, aumentando sua receita e melhorando o retorno do investimento em aquisição de clientes.

Melhorar a retenção de clientes: Ao oferecer produtos e serviços adicionais que atendam às necessidades e desejos de seus clientes, você pode melhorar sua satisfação e lealdade, levando a uma maior retenção de clientes.

Otimizar o uso de recursos: Como você já possui um relacionamento com seus clientes existentes, o custo e o esforço para vender a eles por meio de *upsell* e *cross-sell* são geralmente menores do que adquirir novos clientes.

Identificando oportunidades de *upsell* e *cross-sell*

Analise seu portfólio de produtos e serviços: Identifique quais produtos ou serviços podem ser agrupados ou oferecidos como uma oferta de maior valor. Considere como os diferentes produtos ou serviços de seu portfólio podem complementar ou melhorar uns aos outros.

Conheça seus clientes: Compreenda as necessidades, desejos e padrões de comportamento de seus clientes. Isso permitirá que você identifique oportunidades de *upsell* e *cross-sell* que são relevantes e valiosas para eles.

Monitore o comportamento do cliente: Use dados de compra e interações com o cliente para identificar padrões e oportunidades para *upsell* e *cross-sell*. Por exemplo, se um cliente comprou um produto específico, quais outros produtos ou serviços complementares eles podem estar interessados?

Desenvolvendo uma estratégia de *upsell* e *cross-sell*

Defina metas claras: Estabeleça metas específicas, mensuráveis, alcançáveis, relevantes e com prazo determinado (SMART) para suas iniciativas de *upsell* e *cross-sell*. Essas metas devem estar alinhadas com os objetivos gerais de vendas e negócios de sua organização.

Crie ofertas atraentes: Desenvolva ofertas de *upsell* e *cross-sell* que sejam atraentes e valiosas para seus clientes. Considere a possibilidade de oferecer descontos, pacotes ou vantagens exclusivas para incentivar os clientes a aproveitar essas ofertas.

Treine sua equipe de vendas: Garanta que sua equipe de vendas compreenda a importância do *upsell* e *cross-sell* e esteja bem treinada para identificar e aproveitar essas oportunidades. Forneça a eles as informações e ferramentas necessárias para apresentar com sucesso essas ofertas aos clientes.

Comunique-se efetivamente: Comunique suas ofertas de *upsell* e *cross-sell* aos clientes de maneira clara e persuasiva. Utilize vários canais de comunicação, como e-mail, telefone e redes sociais, para alcançar seus clientes e garantir que eles estejam cientes das ofertas disponíveis.

Monitore e ajuste sua estratégia: Acompanhe o desempenho de suas iniciativas de *upsell* e *cross-sell* e ajuste sua estratégia conforme necessário. Analise as taxas de conversão, o valor médio do pedido e a satisfação do cliente para identificar áreas de melhoria e otimizar sua abordagem.

Exemplos de sucesso em *upsell* e *cross-sell*

Empresas de *software*: Empresas de software geralmente oferecem diferentes níveis de seus produtos ou serviços, com recursos e preços variados. Eles podem incentivar o *upsell* ao destacar os benefícios de um plano mais avançado, como mais armazenamento, recursos adicionais ou suporte prioritário.

Comércio eletrônico: Lojas online podem utilizar *cross-sell* ao sugerir produtos relacionados com base no histórico de compras ou nas visualizações do cliente. Por exemplo, se um cliente está comprando um *laptop*, a loja pode sugerir um mouse, uma mochila ou um *software* antivírus como produtos complementares.

Empresas de telefonia: As operadoras de telefonia podem oferecer *upsells* por meio de planos de dados maiores ou serviços adicionais, como seguro para dispositivos ou planos familiares. Eles também podem empregar *cross-sell*, oferecendo acessórios, como fones de ouvido ou capas protetoras, durante a compra de um smartphone.

Desenvolver uma estratégia de *upsell* e *cross-sell* eficaz é uma maneira poderosa de maximizar o valor do cliente e impulsionar o crescimento de sua organização.

Ao identificar oportunidades, criar ofertas atraentes e comunicá-las de maneira eficaz, sua equipe de vendas pode aproveitar o potencial de *upsell* e *cross-sell* para aumentar a receita e fortalecer os relacionamentos com os clientes.

Lembre-se de monitorar e ajustar sua estratégia conforme necessário para garantir que você esteja sempre oferecendo valor aos seus clientes e alcançando suas metas de vendas.

Como criar e manter relacionamentos duradouros com os clientes

Um departamento de vendas vencedor não apenas atrai novos clientes, mas também trabalha arduamente para manter relacionamentos duradouros com os clientes existentes. Estabelecer e manter esses relacionamentos fortes é essencial para o sucesso a longo prazo de sua empresa.

Afinal, clientes satisfeitos são mais propensos a fazer negócios repetidos e a indicar sua empresa a outras pessoas. Aqui, exploraremos como criar e manter relacionamentos duradouros com os clientes, utilizando técnicas modernas e uma linguagem de fácil compreensão.

Primeiramente, é importante entender que a base de qualquer relacionamento duradouro é a confiança. Quando os clientes confiam em sua empresa, eles se sentem mais à vontade para continuar fazendo negócios com você. Para construir essa confiança, siga estas etapas:

Seja transparente: Sempre seja honesto e aberto com seus clientes sobre seus produtos, serviços e preços. Quando os clientes sentem que estão recebendo informações claras e precisas, eles confiam mais em sua empresa.

Cumpra suas promessas: Sempre entregue o que você prometeu, seja um prazo de entrega, um nível de qualidade ou um resultado específico. Quando os clientes percebem que você é confiável, eles estão mais propensos a manter um relacionamento de longo prazo com sua empresa.

Seja responsivo e acessível: Esteja sempre disponível para responder às perguntas e preocupações de seus clientes. Quando os clientes sentem que podem entrar em contato com sua empresa e obter respostas rápidas, eles se sentem mais seguros e confiantes em sua relação com você.

Personalize a experiência do cliente: Demonstre que você realmente se importa com seus clientes, conhecendo-os e personalizando suas interações com eles. Isso pode incluir usar o nome do cliente, lembrar de suas preferências ou até mesmo enviar mensagens personalizadas em ocasiões especiais.

Solicite feedback e ouça seus clientes: Mostre aos clientes que você valoriza sua opinião e está disposto a aprender com eles. Peça feedback regularmente e use essas informações para melhorar seus produtos, serviços e processos.

Resolva problemas de maneira eficiente: Quando surgirem problemas ou conflitos, aborde-os prontamente e de maneira profissional. Resolver problemas rapidamente e de forma satisfatória é essencial para manter a confiança dos clientes.

Estabeleça conexões emocionais: As pessoas tendem a ser leais às empresas que lhes proporcionam experiências emocionais positivas. Para criar essas conexões, faça com que os clientes se sintam valorizados, apreciados e compreendidos.

Para manter relacionamentos duradouros com os clientes, é fundamental investir em atendimento e suporte de qualidade. Isso significa garantir que sua equipe esteja bem treinada e equipada para fornecer a melhor experiência possível aos clientes. Além disso, lembre-se de continuar aprimorando seus produtos e serviços, adaptando-se às mudanças nas necessidades e expectativas dos clientes. Dessa forma, você demonstrará seu compromisso em fornecer soluções inovadoras e valiosas aos seus clientes.

Outro aspecto importante na manutenção de relacionamentos duradouros é a comunicação contínua e eficaz. Mantenha contato regular com seus clientes por meio de e-mails, newsletters, redes sociais e outros canais de comunicação. Ao compartilhar informações relevantes e úteis, você ajudará a manter sua empresa sempre presente na mente dos clientes.

Reconheça e recompense a lealdade dos clientes. Isso pode incluir oferecer descontos exclusivos, programas de fidelidade ou promoções especiais para clientes fiéis. Essas recompensas não apenas incentivam os clientes a continuar fazendo negócios com sua empresa, mas também os fazem sentir valorizados e apreciados.

Não se esqueça de celebrar as conquistas e marcos dos clientes. Reconheça suas realizações e mostre que você está genuinamente interessado em seu sucesso. Isso pode envolver enviar mensagens de parabéns por um novo cargo, aniversários ou outras realizações importantes na vida do cliente.

Por último, mas não menos importante, seja flexível e esteja disposto a se adaptar às mudanças nas necessidades e preferências dos clientes. O mundo dos negócios está em constante evolução e, para manter relacionamentos duradouros, é fundamental acompanhar essas mudanças e ajustar sua abordagem de acordo.

Criar e manter relacionamentos duradouros com os clientes exige uma abordagem centrada no cliente, baseada na confiança, comunicação eficaz e suporte contínuo.

Ao adotar essas práticas e se esforçar para fornecer a melhor experiência possível aos clientes, você estabelecerá relacionamentos fortes e duradouros que beneficiarão sua empresa a longo prazo.

Como lidar com clientes insatisfeitos

Lidar com clientes insatisfeitos é um desafio inevitável no mundo das vendas. No entanto, é crucial abordar essas situações de maneira eficaz e profissional, transformando um momento negativo em uma oportunidade de aprendizado e crescimento. Neste capítulo, discutiremos como lidar com clientes insatisfeitos de forma produtiva e construtiva, usando uma linguagem de fácil compreensão.

O primeiro passo para lidar com um cliente insatisfeito é ouvir atentamente suas preocupações. Permita que o cliente expresse suas frustrações sem interromper ou se tornar defensivo.

Muitas vezes, os clientes só querem ser ouvidos e sentir que suas preocupações são levadas a sério. Mostre empatia e compreensão ao ouvir, demonstrando que você se importa com o problema do cliente e está comprometido em encontrar uma solução.

Depois de entender completamente a questão, assuma a responsabilidade pelo problema, mesmo que você não seja diretamente responsável. Isso mostra ao cliente que sua empresa está comprometida em resolver o problema e que você não está tentando passar a culpa. Peça desculpas sinceramente e, em seguida, concentre-se em encontrar uma solução que possa remediar a situação.

Ao trabalhar para resolver o problema, é importante agir de maneira rápida e eficiente. Se o cliente estiver esperando muito tempo por uma resolução, ele pode se tornar ainda mais insatisfeito e perder a confiança em sua empresa. Informe o cliente sobre os próximos passos e forneça um prazo realista para a resolução do problema.

Enquanto trabalha na solução, mantenha o cliente informado sobre o progresso. A comunicação regular e transparente é fundamental para manter a confiança do cliente e mostrar que você está empenhado em resolver a situação. Se ocorrerem atrasos ou mudanças no plano, informe o cliente o mais rápido possível.

Uma vez que o problema tenha sido resolvido, faça um acompanhamento com o cliente para garantir que ele esteja satisfeito com a solução. Isso demonstra seu compromisso em garantir a satisfação do cliente e pode ajudar a restaurar a confiança em sua empresa. Além disso, peça feedback sobre como a situação foi tratada e use essas informações para melhorar seus processos e prevenir problemas futuros.

Finalmente, é crucial aprender com as experiências de clientes insatisfeitos. Analise o que deu errado e identifique quaisquer áreas que possam ser melhoradas. Use esses insights para ajustar suas práticas e treinamento de equipe, garantindo que sua empresa esteja sempre evoluindo e melhorando.

Lidar com clientes insatisfeitos pode ser uma experiência desafiadora, mas ao enfrentar a situação de maneira profissional e empática, é possível transformar um momento negativo em uma oportunidade de aprendizado e crescimento. Adotar uma abordagem centrada no cliente e trabalhar para resolver problemas de maneira eficiente e eficaz ajudará a garantir a satisfação do cliente e a fidelidade a longo prazo.

Ao longo de sua carreira em vendas, é provável que você encontre uma variedade de situações envolvendo clientes insatisfeitos. Portanto, é essencial desenvolver habilidades sólidas de resolução de problemas e aprimorar sua capacidade de lidar com o estresse e a pressão de tais situações.

Uma habilidade importante a ser desenvolvida é a capacidade de manter a calma e a compostura, mesmo quando confrontado com um cliente irado ou frustrado. Lembre-se de que, na maioria dos casos, a raiva do cliente não é dirigida a você pessoalmente, mas sim à situação. Respire fundo, mantenha um tom de voz calmo e profissional e lembre-se de que seu objetivo principal é resolver o problema e restaurar a satisfação do cliente.

Outra estratégia eficaz é estabelecer e manter limites claros. Embora seja importante abordar as preocupações dos clientes e trabalhar para encontrar uma solução, também é crucial garantir que você não seja tratado de maneira desrespeitosa ou abusiva. Se um cliente se tornar agressivo ou desrespeitoso, mantenha a calma e informe-o de que você está disposto a ajudar, mas que espera ser tratado com respeito. Estabelecer limites firmes e justos pode ajudar a manter a situação sob controle e garantir que você seja tratado com dignidade e profissionalismo.

Também é útil ter um sistema de apoio interno dentro de sua organização. Isso pode incluir colegas de equipe, supervisores ou gerentes que possam fornecer orientação, apoio e recursos adicionais para ajudar a resolver problemas complexos ou desafiadores. Não hesite em buscar o apoio e a ajuda de sua equipe, pois isso pode ser essencial para lidar com clientes insatisfeitos de maneira eficaz.

Por fim, lembre-se de que cada interação com um cliente insatisfeito é uma oportunidade de aprender e melhorar suas habilidades de vendas e atendimento ao cliente. Analise cada situação cuidadosamente e identifique quaisquer lições que possam ser aprendidas. Ao fazer isso, você estará constantemente aprimorando suas habilidades e se tornando um profissional de vendas mais eficaz e bem-sucedido.

Ao adotar uma abordagem empática e centrada no cliente e utilizando habilidades de resolução de problemas eficazes, você pode transformar interações desafiadoras com clientes insatisfeitos em experiências de aprendizado valiosas. Essas habilidades não apenas ajudarão a garantir a satisfação e fidelidade do cliente, mas também contribuirão para seu crescimento e sucesso como profissional de vendas.

Como obter feedback dos clientes e usá-lo para melhorar as vendas

Obter feedback dos clientes é uma parte vital do processo de vendas, pois permite que você identifique áreas de melhoria e ajuste sua abordagem para atender às necessidades e expectativas do cliente de maneira mais eficaz.

Primeiramente, é importante criar um ambiente em que os clientes se sintam confortáveis em compartilhar suas opiniões e feedback. Isso pode ser alcançado demonstrando empatia, fazendo perguntas abertas e ouvindo atentamente as respostas dos clientes. Deixe claro que você valoriza a opinião deles e está disposto a agir com base em suas sugestões e preocupações.

Além disso, é essencial ser proativo na busca por feedback. Não espere que os clientes o procurem com suas opiniões; em vez disso, tome a iniciativa de entrar em contato com eles e fazer perguntas específicas sobre sua experiência. Você pode fazer isso por meio de pesquisas de satisfação, ligações telefônicas ou e-mails.

Certifique-se de incluir perguntas que abordem diferentes aspectos do processo de vendas, como atendimento ao cliente, qualidade do produto e eficácia das comunicações de vendas.

Ao receber feedback, é crucial abordá-lo com uma mentalidade aberta e receptiva. Evite ficar na defensiva ou justificar suas ações, pois isso pode desencorajar o cliente de compartilhar suas opiniões no futuro. Em vez disso, agradeça ao cliente por seu feedback e garanta que você fará o possível para abordar suas preocupações.

Depois de coletar o feedback, é importante analisá-lo e identificar padrões e tendências. Isso permitirá que você determine quais áreas exigem melhorias e desenvolva estratégias específicas para abordar essas questões. Por exemplo, se vários clientes comentarem que o processo de *checkout* em seu site é confuso, isso pode indicar a necessidade de simplificar e melhorar a experiência do usuário.

Finalmente, é fundamental agir com base no feedback recebido. Isso pode incluir ajustar sua abordagem de vendas, melhorar a qualidade de seus produtos ou serviços, ou investir em treinamento adicional para sua equipe.

Ao implementar mudanças com base no feedback do cliente, você demonstra que está comprometido em fornecer uma experiência excepcional e está disposto a adaptar-se às necessidades e expectativas de seus clientes.

O feedback dos clientes é uma ferramenta valiosa que pode ajudá-lo a identificar áreas de melhoria e ajustar sua abordagem de vendas para atender às necessidades de seus clientes.

Ao criar um ambiente receptivo, buscar feedback proativamente e agir com base nas informações coletadas, você estará melhor posicionado para otimizar seu processo de vendas e alcançar resultados cada vez melhores.

Além das estratégias mencionadas anteriormente, há outras maneiras de coletar e utilizar o feedback dos clientes para melhorar suas vendas e a experiência do cliente. Vamos explorar algumas dessas abordagens adicionais.

Monitore as mídias sociais: As mídias sociais são um excelente canal para acompanhar as conversas sobre sua marca e produtos. Preste atenção às discussões e comentários dos clientes para identificar áreas de melhoria e oportunidades de aprimorar sua estratégia de vendas.

Realize entrevistas pessoais: As entrevistas pessoais com os clientes podem fornecer informações detalhadas sobre suas experiências e percepções. Dedique tempo para conversar com os clientes, seja por telefone ou pessoalmente, e pergunte sobre suas experiências e quaisquer sugestões de melhorias que possam ter.

Organize grupos focais: Grupos focais são reuniões com um número seleto de clientes para discutir aspectos específicos de seus produtos ou serviços. Essas sessões podem ajudá-lo a obter feedback direto e detalhado, permitindo que você faça ajustes mais informados em sua estratégia de vendas.

Analise as métricas de desempenho: Acompanhe de perto as métricas de desempenho, como taxas de conversão, tempo médio de vendas e satisfação do cliente. Isso ajudará a identificar áreas que precisam de melhorias e permitirá que você ajuste sua abordagem de vendas de acordo.

Implemente um sistema de feedback contínuo: Estabeleça um processo de coleta e análise de feedback dos clientes em tempo real. Isso permitirá que você identifique rapidamente as áreas problemáticas e faça ajustes em sua estratégia de vendas conforme necessário.

Compartilhe o feedback com sua equipe: Certifique-se de compartilhar o feedback dos clientes com sua equipe de vendas e outras áreas relevantes da empresa. Isso garantirá que todos estejam cientes das expectativas dos clientes e trabalhem juntos para abordar as áreas de preocupação.

Monitore o progresso: Depois de implementar mudanças com base no feedback dos clientes, acompanhe de perto os resultados para garantir que as melhorias estejam surtindo efeito. Se necessário, faça ajustes adicionais e continue aprimorando sua estratégia de vendas.

Ao incorporar essas abordagens adicionais em sua estratégia de coleta e uso de feedback dos clientes, você estará ainda mais bem preparado para tomar decisões informadas que impulsionem o sucesso de suas vendas.

Lembre-se de que o feedback dos clientes é um recurso valioso e, quando usado corretamente, pode fornecer informações inestimáveis para melhorar suas vendas e a satisfação do cliente.

O papel do atendimento ao cliente no sucesso das vendas

Um excelente atendimento ao cliente não só garante que os clientes estejam satisfeitos com seus produtos e serviços, mas também constrói relacionamentos duradouros, gera confiança e fidelidade, e pode levar a vendas repetidas e indicações.

A importância do atendimento ao cliente nas vendas

Satisfação do cliente: Um cliente satisfeito é mais propenso a continuar fazendo negócios com sua empresa e a recomendar seus produtos e serviços a outras pessoas. Garantir que seus clientes estejam satisfeitos com seu atendimento ao cliente pode ser um fator determinante para o sucesso das vendas.

Fidelidade à marca: Um bom atendimento ao cliente contribui para a construção da fidelidade à marca. Quando os clientes se sentem valorizados e bem atendidos, eles tendem a continuar comprando de uma empresa e, por sua vez, a aumentar o sucesso das vendas.

Publicidade boca a boca: Clientes satisfeitos e leais são mais propensos a compartilhar suas experiências positivas com amigos, familiares e colegas, gerando publicidade boca a boca. Isso pode levar a novos clientes e vendas adicionais.

Redução de reclamações e devoluções: Um atendimento ao cliente eficiente pode ajudar a reduzir reclamações e devoluções de clientes insatisfeitos. Ao resolver problemas de maneira rápida e eficaz, as empresas podem manter a satisfação do cliente e minimizar o impacto negativo nas vendas.

Vendas adicionais e *upselling*: Um bom atendimento ao cliente pode ajudar a identificar oportunidades de vendas adicionais e *upselling*, aumentando ainda mais as vendas. Quando os clientes estão satisfeitos com o atendimento que recebem, eles estão mais abertos a explorar outras ofertas e produtos da empresa.

Estratégias para melhorar o atendimento ao cliente e impulsionar as vendas

Treine sua equipe: A equipe de atendimento ao cliente deve ser treinada para ouvir atentamente os clientes, entender suas preocupações e oferecer soluções eficazes. Invista em treinamento contínuo para garantir que sua equipe esteja sempre atualizada com as melhores práticas de atendimento ao cliente.

Comunique-se de forma clara e eficaz: A comunicação clara e eficaz é essencial para um atendimento ao cliente de qualidade. Certifique-se de que sua equipe de atendimento ao cliente compreenda os produtos e serviços que sua empresa oferece e possa comunicar essas informações de maneira fácil e compreensível para os clientes.

Esteja disponível para seus clientes: Ofereça múltiplos canais de comunicação para seus clientes, como telefone, e-mail, chat ao vivo e redes sociais. Isso permite que os clientes entrem em contato com sua empresa de maneira conveniente e ajuda a garantir que suas necessidades sejam atendidas prontamente.

Resolva problemas rapidamente: A rapidez na resolução de problemas é essencial para um bom atendimento ao cliente. Estabeleça processos eficientes e eficazes para resolver problemas e responder às preocupações dos clientes o mais rápido possível.

Personalize o atendimento: Um atendimento personalizado ajuda a criar conexões mais fortes com os clientes e aumenta a satisfação do cliente. Incentive sua equipe de atendimento ao cliente a usar o nome do cliente durante as interações e a adaptar suas abordagens para atender às necessidades específicas de cada cliente.

Monitore e meça o desempenho do atendimento ao cliente: Implemente métricas e indicadores-chave de desempenho (KPIs) para medir a eficácia do atendimento ao cliente e identificar áreas de melhoria. Analise regularmente esses dados e ajuste suas estratégias de atendimento ao cliente conforme necessário para garantir o sucesso das vendas.

Peça feedback dos clientes: Solicitar feedback dos clientes pode ajudar a identificar áreas de melhoria no atendimento ao cliente e, por sua vez, impulsionar as vendas. Encoraje os clientes a compartilhar suas experiências e use essas informações para aprimorar seu atendimento ao cliente e suas estratégias de vendas.

Crie uma cultura centrada no cliente: Para garantir que o atendimento ao cliente seja uma prioridade em sua empresa, crie uma cultura centrada no cliente. Isso envolve incentivar a empatia, a responsabilidade e a comunicação aberta entre os funcionários e garantir que todos entendam a importância do atendimento ao cliente no sucesso das vendas.

O atendimento ao cliente desempenha um papel fundamental no sucesso das vendas e, quando implementado corretamente, pode levar a um aumento significativo na receita e na fidelidade do cliente.

Invista tempo e recursos no treinamento de sua equipe de atendimento ao cliente, na implementação de estratégias eficazes de atendimento ao cliente e na criação de uma cultura centrada no cliente para garantir que sua empresa seja bem-sucedida no competitivo mundo das vendas.

Como desenvolver uma cultura de vendas na empresa

A cultura de vendas é um conjunto de valores, crenças, comportamentos e práticas compartilhadas que moldam a forma como uma empresa aborda as vendas e as interações com os clientes.

Uma cultura de vendas forte e positiva pode ser um diferencial competitivo e contribuir significativamente para o sucesso da empresa.

Defina valores e objetivos claros

O primeiro passo para desenvolver uma cultura de vendas é estabelecer valores e objetivos claros para a empresa e sua equipe de vendas. Esses valores e objetivos devem ser centrados no cliente e refletir a missão e a visão da empresa. Além disso, é essencial comunicar esses valores e objetivos a todos os funcionários e garantir que eles estejam alinhados com a estratégia geral da empresa.

Estabeleça processos e sistemas eficientes

Uma cultura de vendas bem-sucedida requer processos e sistemas eficientes que permitam à equipe de vendas atingir seus objetivos e maximizar seu desempenho. Isso pode incluir a implementação de um CRM eficaz, o estabelecimento de um processo de vendas padronizado e a criação de um sistema de métricas e indicadores-chave de desempenho (KPIs) para avaliar o progresso.

Invista no desenvolvimento e treinamento da equipe de vendas

O sucesso de uma cultura de vendas depende em grande parte das habilidades e competências da equipe de vendas.

Portanto, é fundamental investir no desenvolvimento e treinamento contínuo dos funcionários, garantindo que eles possuam as habilidades necessárias para executar suas tarefas com eficiência e eficácia. Além disso, o treinamento regular também pode ajudar a manter os funcionários motivados e engajados.

Fomente a colaboração e a comunicação entre as equipes

Uma cultura de vendas forte se baseia na colaboração e na comunicação eficazes entre as equipes e os departamentos da empresa. Isso pode incluir a criação de uma comunicação aberta e transparente entre as equipes de vendas e marketing, a promoção de atividades de *team building* e a criação de um ambiente de trabalho inclusivo e acolhedor.

Celebre as conquistas e aprenda com os fracassos

Para desenvolver uma cultura de vendas bem-sucedida, é importante reconhecer e celebrar as conquistas da equipe de vendas e dos funcionários individuais. Isso pode incluir a criação de programas de reconhecimento e recompensa, bem como a promoção de eventos e celebrações para comemorar o sucesso. Além disso, é importante aprender com os fracassos e identificar áreas de melhoria para garantir o crescimento contínuo da empresa e da equipe de vendas.

Promova a responsabilidade e a autodisciplina

Uma cultura de vendas eficaz requer responsabilidade e autodisciplina por parte de todos os funcionários. É fundamental que cada membro da equipe entenda seu papel e responsabilidades, e esteja comprometido em cumprir suas metas e objetivos. Para promover a responsabilidade e a autodisciplina, os líderes da empresa devem estabelecer expectativas claras, fornecer feedback regular e construtivo e oferecer suporte para que os funcionários possam superar os desafios e alcançar seus objetivos.

Mantenha o foco no cliente

Uma cultura de vendas forte é sempre centrada no cliente. Isso significa que todas as decisões, estratégias e ações devem ser tomadas tendo em mente as necessidades e desejos dos clientes. Para garantir que o foco no cliente seja mantido, é importante ouvir ativamente o feedback dos clientes, adaptar-se às mudanças no mercado e garantir que os produtos e serviços oferecidos atendam às expectativas do público-alvo.

Encoraje a inovação e a criatividade

A inovação e a criatividade são cruciais para manter a competitividade e o sucesso em um mercado em constante mudança. Uma cultura de vendas bem-sucedida deve incentivar os funcionários a pensar de maneira criativa e a propor novas ideias e soluções para melhorar a eficiência e eficácia das vendas. Isso pode ser alcançado por meio da promoção de um ambiente de trabalho aberto e inclusivo, onde os funcionários se sintam confortáveis em compartilhar suas ideias e receber feedback.

Monitore e ajuste a cultura de vendas regularmente

Desenvolver uma cultura de vendas forte é um processo contínuo que requer monitoramento e ajustes regulares. É essencial avaliar periodicamente a eficácia da cultura de vendas e identificar áreas de melhoria. Isso pode ser feito por meio da análise de métricas de desempenho, realização de pesquisas internas e feedback dos funcionários, e acompanhamento das tendências do setor.

Desenvolver uma cultura de vendas na empresa é um processo complexo e contínuo que requer comprometimento, esforço e adaptabilidade.

No entanto, ao seguir as etapas descritas neste capítulo e garantir que todos os funcionários estejam alinhados com os valores, objetivos e expectativas da empresa, é possível criar uma cultura de vendas forte e bem-sucedida que impulsione o crescimento e a prosperidade da empresa no longo prazo.

Estabelecendo objetivos e metas para a equipe de vendas

Objetivos bem definidos fornecem um senso de direção e propósito, ajudam a manter a motivação e o engajamento dos membros da equipe, e servem como um indicador de desempenho para avaliar o sucesso das estratégias de vendas. Neste capítulo, abordaremos as etapas para estabelecer objetivos e metas eficazes para a equipe de vendas e como garantir que esses objetivos sejam alcançados.

Definir objetivos claros e específicos

O primeiro passo para estabelecer objetivos e metas eficazes é definir claramente o que se espera alcançar. Isso significa ser específico sobre o que a equipe de vendas deve realizar, seja aumentar a receita, melhorar a retenção de clientes ou expandir a participação de mercado.

Objetivos específicos ajudam a equipe a entender exatamente o que é esperado deles e a desenvolver estratégias eficazes para atingir essas metas.

Estabelecer metas SMART

Ao definir metas para a equipe de vendas, é importante que sejam SMART: específicas, mensuráveis, alcançáveis, relevantes e com prazo determinado.

Metas SMART garantem que os objetivos sejam realistas, possam ser monitorados e medidos, e que a equipe tenha uma compreensão clara do tempo necessário para alcançá-los.

Alinhar objetivos com a estratégia geral da empresa

Os objetivos e metas da equipe de vendas devem estar alinhados com a estratégia geral e os objetivos da empresa. Isso garantirá que a equipe de vendas trabalhe em sinergia com outras áreas da organização, criando um ambiente colaborativo que impulsiona o sucesso geral do negócio.

Envolver a equipe no processo de definição de metas

Para garantir o comprometimento e o engajamento da equipe de vendas, é importante envolvê-los no processo de definição de metas. Isso permite que os membros da equipe forneçam feedback, compartilhem suas preocupações e sugestões e sintam-se responsáveis pelo sucesso do grupo.

Envolver a equipe no processo de definição de metas também aumenta a probabilidade de que as metas sejam realistas e alcançáveis.

Estabelecer metas individuais e coletivas

É fundamental estabelecer metas individuais e coletivas para a equipe de vendas. Metas individuais garantem que cada membro da equipe seja responsável por seu próprio desempenho, enquanto metas coletivas promovem a colaboração e o trabalho em equipe.

Além disso, o equilíbrio entre metas individuais e coletivas pode motivar os membros da equipe a se esforçarem para alcançar seus objetivos pessoais, bem como a contribuir para o sucesso geral da equipe.

Monitorar e avaliar o progresso regularmente

Para garantir que a equipe de vendas esteja no caminho certo para alcançar seus objetivos e metas, é crucial monitorar e avaliar o progress o regularmente. Isso pode ser feito por meio de análises semanais, mensais ou trimestrais, dependendo das necessidades específicas da empresa e da equipe de vendas. Monitorar o progresso permite identificar rapidamente áreas de melhoria e ajustar as estratégias de vendas conforme necessário.

Fornecer feedback construtivo e reconhecimento

Ao avaliar o desempenho da equipe de vendas, é importante fornecer feedback construtivo e reconhecer os esforços dos membros da equipe. Isso inclui elogiar as conquistas individuais e coletivas e identificar áreas em que melhorias podem ser feitas.

O feedback construtivo e o reconhecimento ajudam a manter a moral e a motivação da equipe alta, incentivando os membros da equipe a continuar se esforçando para alcançar seus objetivos.

Ajustar metas conforme necessário

Ao longo do tempo, as condições de mercado, os objetivos da empresa e as necessidades da equipe de vendas podem mudar. Portanto, é importante ser flexível e ajustar as metas conforme necessário.

Se uma meta se tornar irrelevante ou inatingível, ajuste-a para refletir as novas circunstâncias e garantir que a equipe de vendas continue trabalhando em direção a objetivos significativos e alcançáveis.

Fomentar uma cultura de aprendizado contínuo

Encorajar a equipe de vendas a buscar o desenvolvimento pessoal e profissional é essencial para manter a motivação e melhorar continuamente o desempenho. Isso pode incluir a promoção de treinamentos, workshops e eventos relevantes para aprimorar habilidades e conhecimentos, bem como a criação de um ambiente de trabalho que apoie a troca de ideias e experiências entre os membros da equipe.

Celebrar o sucesso

Ao alcançar metas e objetivos, é importante celebrar o sucesso da equipe de vendas. Isso pode ser feito por meio de eventos de comemoração, prêmios e reconhecimento público. Comemorar o sucesso da equipe de vendas ajuda a reforçar a importância de trabalhar em direção a metas e a manter a motivação da equipe alta.

Estabelecer objetivos e metas eficazes para a equipe de vendas é fundamental para garantir o sucesso a longo prazo do departamento e da empresa como um todo.

Seguindo as etapas descritas neste capítulo, você pode criar um ambiente de trabalho produtivo e motivador que incentive a equipe de vendas a alcançar seu potencial máximo e a contribuir significativamente para o sucesso geral do negócio.

Como motivar a equipe de vendas para o sucesso

Motivar uma equipe de vendas é fundamental para garantir seu sucesso. A motivação é a força que impulsiona os vendedores a atingir seus objetivos, superar desafios e alcançar um desempenho excepcional. Neste capítulo, discutiremos várias estratégias para inspirar e motivar sua equipe de vendas rumo ao sucesso.

A comunicação aberta e transparente é a base de uma equipe de vendas motivada. Incentive o diálogo aberto entre os membros da equipe e a liderança, e certifique-se de que todos estejam cientes dos objetivos e expectativas da empresa.

Ao manter canais de comunicação abertos, você cria um ambiente de trabalho em que todos se sentem apoiados e encorajados a dar o melhor de si.

É crucial estabelecer metas claras e alcançáveis para a equipe de vendas. As metas devem ser específicas, mensuráveis, relevantes e limitadas no tempo, para que os vendedores saibam exatamente o que se espera deles e possam acompanhar seu progresso.

Comemorar as conquistas e marcos alcançados é uma maneira eficaz de manter a motivação em alta.

A capacitação da equipe é outra estratégia poderosa para aumentar a motivação. Quando os vendedores se sentem capacitados e confiantes em suas habilidades, eles sao mais propensos a assumir a responsabilidade por seu sucesso e buscar oportunidades de crescimento.

Investir no desenvolvimento profissional de sua equipe de vendas, oferecendo treinamentos e recursos, pode contribuir significativamente para aumentar a motivação e melhorar o desempenho geral.

O reconhecimento do desempenho e dos esforços dos membros da equipe é essencial para manter sua motivação. Mostre apreço pelo trabalho árduo e pelas conquistas de cada vendedor, seja por meio de elogios verbais, prêmios, ou incentivos financeiros.

Criar um sistema de recompensas e reconhecimento pode ser uma maneira eficaz de manter a equipe de vendas engajada e motivada.

Promover um ambiente de trabalho positivo e colaborativo também é fundamental para a motivação da equipe de vendas. Encoraje o trabalho em equipe e a colaboração, e ajude a construir relacionamentos sólidos entre os membros da equipe. Isso criará um ambiente onde os vendedores se sintam apoiados e encorajados a alcançar seus objetivos.

Por último, mas não menos importante, é fundamental liderar pelo exemplo. Um líder de vendas inspirador e motivado terá um impacto significativo na motivação de sua equipe.

Ao demonstrar paixão, energia e entusiasmo em seu trabalho, você transmitirá essa atitude positiva para sua equipe e os inspirará a se esforçarem ao máximo.

Motivar a equipe de vendas para o sucesso envolve a implementação de várias estratégias, desde a comunicação aberta e transparente até o investimento no desenvolvimento profissional e a promoção de um ambiente de trabalho positivo. Ao colocar em prática essas abordagens, você criará uma equipe de vendas motivada, comprometida e bem-sucedida.

Além das estratégias mencionadas anteriormente, existem outras ações que você pode adotar para manter sua equipe de vendas motivada e comprometida com o sucesso.

A flexibilidade é um aspecto importante na motivação da equipe de vendas. Permitir que os vendedores tenham um certo grau de autonomia na tomada de decisões e na maneira como gerenciam seu tempo pode aumentar a satisfação no trabalho e melhorar o desempenho.

A flexibilidade também pode se estender a horários de trabalho e políticas de home office, ajudando os membros da equipe a equilibrar suas responsabilidades profissionais e pessoais.

Estabelecer um senso de propósito compartilhado é outra maneira poderosa de motivar sua equipe de vendas. Ao comunicar claramente a visão e a missão da empresa, você ajuda os vendedores a entender como seu trabalho contribui para o sucesso geral da organização.

Quando os membros da equipe de vendas se sentem conectados a um propósito maior, eles são mais propensos a se empenhar e a se esforçar para alcançar seus objetivos.

Fomentar a competitividade saudável entre os membros da equipe pode ser uma estratégia eficaz para aumentar a motivação. A competição, quando conduzida de forma positiva e construtiva, pode incentivar os vendedores a se esforçarem ao máximo e a superar seus limites. Para garantir que a competitividade não se torne destrutiva, é importante reconhecer o esforço e o desempenho de todos os membros da equipe e promover a colaboração e o apoio mútuo.

Outra maneira de motivar sua equipe de vendas é fornecer oportunidades de avanço na carreira. Os vendedores que veem possibilidades de crescimento e desenvolvimento dentro da empresa tendem a se sentir mais engajados e comprometidos com seu trabalho.

Estabeleça um plano de carreira claro para os membros da equipe e incentive-os a buscar oportunidades de crescimento e promoção.

Além disso, é essencial prestar atenção ao bem-estar emocional e mental de sua equipe de vendas. O trabalho em vendas pode ser estressante e desgastante, e é crucial oferecer apoio e recursos para ajudar os vendedores a lidar com o estresse e a pressão do trabalho.

Isso pode incluir acesso a programas de bem-estar e saúde mental, bem como a criação de um ambiente de trabalho que valoriza o equilíbrio entre vida profissional e pessoal.

Em resumo, ao combinar todas essas estratégias, você pode criar um ambiente de trabalho que inspire, motive e engaje sua equipe de vendas, levando a um maior sucesso e satisfação no trabalho.

Lembre-se de que a motivação é um processo contínuo e requer esforço constante e atenção para garantir que sua equipe de vendas continue a prosperar e a alcançar excelentes resultados.

Como lidar com a pressão e o estresse em vendas

Lidar com a pressão e o estresse é uma parte inevitável da vida profissional, especialmente em um ambiente de vendas altamente competitivo e orientado a resultados. No entanto, é crucial aprender a gerenciar efetivamente o estresse e a pressão para garantir o sucesso e o bem-estar a longo prazo, tanto profissional quanto pessoalmente.

A primeira coisa a entender é que o estresse não é necessariamente uma coisa ruim. Uma certa quantidade de estresse pode ser benéfica, ajudando a manter a motivação, a energia e o foco necessários para atingir os objetivos. No entanto, quando o estresse se torna excessivo ou crônico, pode ter efeitos prejudiciais na saúde física e mental, bem como no desempenho no trabalho.

Para lidar efetivamente com a pressão e o estresse em vendas, é importante adotar uma abordagem multifacetada que inclua o gerenciamento do tempo, o estabelecimento de limites, o desenvolvimento de habilidades de enfrentamento saudáveis e a criação de um ambiente de trabalho equilibrado e de apoio.

O gerenciamento do tempo é uma habilidade essencial para lidar com a pressão e o estresse em vendas. Isso inclui priorizar tarefas, estabelecer metas realistas e criar uma rotina diária equilibrada que permita tempo suficiente para o trabalho e atividades pessoais.

Ao planejar seu dia de forma eficiente e produtiva, você pode garantir que esteja usando seu tempo da melhor maneira possível e reduzir a sensação de sobrecarga e pressão.

Estabelecer limites claros é outra estratégia eficaz para lidar com a pressão e o estresse em vendas. Isso pode incluir limites relacionados ao tempo de trabalho, às expectativas de disponibilidade e às responsabilidades profissionais e pessoais. Ao estabelecer limites, você pode criar um equilíbrio mais saudável entre o trabalho e a vida pessoal, o que, por sua vez, pode ajudar a reduzir o estresse.

Desenvolver habilidades de enfrentamento saudáveis é fundamental para lidar com a pressão e o estresse em vendas. Isso pode incluir técnicas de relaxamento, como meditação, respiração profunda e exercícios de visualização, bem como atividades que ajudam a aliviar o estresse, como praticar exercícios físicos, passar tempo com amigos e familiares ou participar de hobbies e atividades de lazer.

Por fim, criar um ambiente de trabalho equilibrado e de apoio pode ter um impacto significativo na capacidade de lidar com a pressão e o estresse em vendas.

Isso pode incluir o incentivo ao trabalho em equipe e à colaboração, a promoção de uma cultura de comunicação aberta e honesta e o fornecimento de recursos e apoio para ajudar os membros da equipe a gerenciar o estresse e a pressão de forma eficaz.

A pressão e o estresse em vendas é uma parte inevitável do trabalho, mas adotar estratégias eficazes de gerenciamento dc estresse pode ajudar a garantir o sucesso e o bem -estar a longo prazo.

Ao gerenciar o tempo, estabelecer limites, desenvolver habilidades de enfrentamento saudáveis e criar um ambiente de trabalho de apoio, você pode criar uma equipe de vendas resiliente e bem-sucedida.

Além disso, é importante praticar a autocompaixão e a empatia em relação a si mesmo e aos colegas de trabalho. Reconhecer que a pressão e o estresse fazem parte do processo e que todos têm momentos de dificuldade pode ajudar a construir um ambiente mais compreensivo e solidário.

Outra estratégia útil é estabelecer momentos regulares de descontração e lazer com a equipe. Isso pode incluir atividades como almoços em equipe, celebrações de conquistas e eventos fora do ambiente de trabalho.

Esses momentos ajudam a criar um vínculo entre os membros da equipe e proporcionam oportunidades para compartilhar experiências e desabafar sobre as dificuldades enfrentadas no trabalho.

Também é crucial manter uma perspectiva positiva e se concentrar nos aspectos gratificantes do trabalho em vendas. Celebrar as pequenas vitórias e reconhecer os esforços dos membros da equipe pode ter um impacto significativo na motivação e no bem-estar geral. Além disso, incentivar a mentalidade de crescimento pode ajudar a equipe a abordar os desafios e o estresse de forma mais adaptável e resiliente.

Investir em treinamento e desenvolvimento profissional também é uma maneira eficaz de reduzir o estresse e a pressão em vendas. Ao oferecer oportunidades para que os membros da equipe aprimorem suas habilidades e conhecimentos, você pode ajudá-los a se sentirem mais confiantes e preparados para lidar com os desafios do trabalho.

Por último, lembre-se de que o autocuidado é fundamental para gerenciar o estresse e a pressão em vendas. Garantir que você e sua equipe estejam cuidando de sua saúde física, mental e emocional é essencial para manter um ambiente de trabalho saudável e produtivo.

Em conclusão, lidar com a pressão e o estresse em vendas é um desafio inevitável, mas, ao implementar essas estratégias e cultivar uma cultura de apoio, é possível criar uma equipe de vendas bem-sucedida, resiliente e satisfeita.

O papel do *coaching* em vendas

O *coaching* em vendas é uma prática poderosa que pode transformar o desempenho de uma equipe de vendas, levando a resultados melhores e mais consistentes. Neste capítulo, vamos explorar o papel do *coaching* em vendas e como ele pode ajudar a criar uma equipe de vendas vencedora.

O *coaching* é um processo colaborativo em que um *coach* experiente trabalha com um vendedor para ajudá-lo a desenvolver habilidades, melhorar seu desempenho e alcançar suas metas de vendas.

Esse processo envolve uma combinação de orientação, feedback, aprendizado e prática, permitindo que os vendedores superem desafios e maximizem seu potencial.

Um dos principais benefícios do *coaching* em vendas é a melhoria contínua. Ao trabalhar regularmente com um *coach*, os vendedores têm a oportunidade de refletir sobre seu desempenho, identificar áreas de melhoria e desenvolver estratégias para superar obstáculos.

O *coaching* também ajuda a criar uma cultura de aprendizado e desenvolvimento na equipe de vendas, incentivando a busca constante por crescimento e aprimoramento.

Além disso, o *coaching* em vendas pode ajudar a desenvolver habilidades de comunicação e relacionamento interpessoal dos vendedores. Essas habilidades são fundamentais para criar conexões significativas com os clientes e fechar vendas com sucesso.

O *coach* pode auxiliar os vendedores a aprimorar sua capacidade de ouvir, fazer perguntas eficazes e adaptar sua abordagem de vendas para atender às necessidades e expectativas do cliente.

O *coaching* também pode ter um impacto significativo na motivação e no comprometimento dos vendedores. Ao receber apoio e orientação direcionados, os vendedores se sentem mais confiantes em suas habilidades e são incentivados a se esforçar para alcançar seus objetivos.

O processo de *coaching* também ajuda a criar responsabilidade, garantindo que os vendedores se mantenham focados em suas metas e no sucesso geral da equipe.

Para implementar o *coaching* em vendas com sucesso, é importante seguir algumas práticas recomendadas:

Selecione um *coach* qualificado e experiente: Um *coach* eficaz deve ter experiência em vendas e conhecimento das técnicas e estratégias mais recentes. Eles também devem ser excelentes comunicadores e possuir habilidades de liderança e empatia.

Estabeleça metas claras e mensuráveis: As metas de *coaching* devem ser específicas, mensuráveis, alcançáveis, relevantes e limitadas no tempo (SMART). Isso ajudará a garantir que o processo de *coaching* seja focado e eficaz.

Crie um ambiente de confiança e apoio: O *coaching* em vendas só pode ser bem-sucedido se os vendedores se sentirem à vontade para compartilhar seus desafios e preocupações. Crie um ambiente em que os vendedores se sintam apoiados e encorajados a buscar o crescimento e o desenvolvimento.

Monitore o progresso e ajuste conforme necessário: O *coaching* em vendas é um processo contínuo que exige acompanhamento e ajustes regulares. Certifique-se de acompanhar o progresso dos vendedores e ajustar suas estratégias de *coaching* conforme necessário para garantir resultados efetivos.

Em resumo, o *coaching* em vendas desempenha um papel fundamental na construção de uma equipe de vendas vencedora. Ao investir no desenvolvimento de habilidades, motivação e desempenho dos vendedores, você estará preparando sua equipe para enfrentar os desafios do mercado e alcançar resultados excepcionais.

Ao incorporar o *coaching* em vendas como parte integrante da estratégia de vendas da sua empresa, você estará contribuindo para a criação de uma cultura de aprendizado e desenvolvimento contínuo. Isso não apenas ajudará a equipe de vendas a se destacar, mas também garantirá que a empresa como um todo esteja constantemente evoluindo e se adaptando às mudanças do mercado.

Por fim, é essencial lembrar que o *coaching* em vendas é um investimento a longo prazo que trará benefícios duradouros para a equipe de vendas e para a empresa. Portanto, é fundamental que você esteja comprometido com a implementação e manutenção de um programa de *coaching* eficaz, garantindo que sua equipe de vendas possa alcançar seu máximo potencial e impulsionar o sucesso da empresa.

Agora que você entende o papel crucial do *coaching* em vendas na construção de uma equipe de vendas vencedora, é hora de começar a planejar e implementar um programa de *coaching* que atenda às necessidades específicas de sua equipe.

Lembre-se de que o sucesso em vendas não acontece da noite para o dia, mas sim através de um compromisso contínuo com o crescimento, desenvolvimento e aprendizado. Com dedicação e esforço, você pode criar uma equipe de vendas de alto desempenho que levará sua empresa ao sucesso.

Como desenvolver a inteligência emocional na equipe de vendas

A inteligência emocional (IE) é a capacidade de reconhecer, entender e gerenciar as próprias emoções e as emoções dos outros. No contexto de vendas, a IE é uma habilidade essencial para construir relacionamentos sólidos com os clientes, gerenciar o estresse e a pressão e trabalhar efetivamente em equipe.

A importância da inteligência emocional em vendas

A inteligência emocional é um fator crítico no sucesso das vendas por várias razões:

Construção de relacionamentos: A capacidade de compreender e se conectar emocionalmente com os clientes é fundamental para estabelecer confiança e construir relacionamentos duradouros.

Resolução de conflitos: Lidar com objeções e conflitos é uma parte comum do processo de vendas. A IE ajuda os vendedores a manter a calma e a abordar essas situações de maneira produtiva.

Trabalho em equipe: A inteligência emocional é essencial para a colaboração efetiva dentro da equipe de vendas e entre departamentos.

Gerenciamento do estresse: A IE permite que os vendedores lidem melhor com a pressão e o estresse associados ao trabalho em vendas, melhorando seu bem-estar geral e desempenho no trabalho.

Dicas para desenvolver a inteligência emocional na equipe de vendas

Autoconsciência: Incentive os membros da equipe a refletir sobre suas próprias emoções e reações em diferentes situações de vendas. A autoconsciência é o primeiro passo para o desenvolvimento da IE.

Empatia: Encoraje os vendedores a colocar-se no lugar dos clientes e a considerar suas necessidades, preocupações e emoções. A empatia é a base para construir relacionamentos sólidos e gerar confiança.

Comunicação efetiva: Promova a importância da escuta ativa e da comunicação não violenta. Isso ajudará os membros da equipe a entender e expressar suas próprias emoções e a responder adequadamente às emoções dos clientes.

Gerenciamento de emoções: Ensine os vendedores a reconhecer e controlar suas emoções em situações de alta pressão. Técnicas de gerenciamento de estresse, como respiração profunda, meditação e pausas programadas, podem ser úteis.

Desenvolvimento de habilidades sociais: Promova atividades e treinamentos que ajudem a equipe a desenvolver habilidades sociais, como trabalho em equipe, resolução de conflitos e liderança.

Implementando um programa de desenvolvimento da inteligência emocional

Para desenvolver a inteligência emocional na equipe de vendas, considere implementar um programa de desenvolvimento que inclua os seguintes componentes:

Avaliação: Avalie o nível atual de inteligência emocional dos membros da equipe por meio de questionários, entrevistas ou avaliações profissionais.

Treinamento: Invista em treinamento e workshops específicos para o desenvolvimento de habilidades relacionadas à inteligência emocional, como comunicação efetiva, empatia e gerenciamento de emoções.

Feedback: Forneça feedback regular aos membros da equipe sobre suas habilidades emocionais e sugira áreas para melhoria. Isso pode incluir sessões de coaching, revisões de desempenho ou discussões em grupo.

Prática: Incentive os vendedores a praticar ativamente as habilidades de inteligência emocional no dia a dia. Isso pode ser feito através de exercícios em grupo, role-plays ou simplesmente prestando mais atenção às próprias emoções e às dos outros.

Monitoramento e acompanhamento: Acompanhe o progresso dos membros da equipe no desenvolvimento de sua inteligência emocional e celebre as melhorias. Se necessário, ajuste o programa de desenvolvimento para atender às necessidades individuais e aos desafios enfrentados.

Desenvolver a inteligência emocional na equipe de vendas é fundamental para o sucesso a longo prazo. Ao investir no desenvolvimento dessas habilidades, você estará criando uma equipe mais resiliente, colaborativa e eficaz, capaz de se conectar melhor com os clientes e gerar resultados superiores.

A inteligência emocional é uma habilidade valiosa que beneficia não apenas a vida profissional, mas também a vida pessoal dos membros da equipe, contribuindo para o seu bem-estar geral e satisfação no trabalho.

O que é SPIN *Selling* e como aplicá-lo

O SPIN Selling é uma metodologia de vendas desenvolvida por Neil Rackham em seu livro "SPIN Selling", publicado em 1988. A sigla SPIN refere-se a uma série de perguntas que os vendedores devem fazer aos clientes em potencial para identificar suas necessidades e apresentar soluções personalizadas. O método é baseado nas seguintes categorias de perguntas: **Situação, Problema, Implicação e Necessidade de Solução.**

Este capítulo explorará a metodologia SPIN Selling em detalhes e fornecerá orientações sobre como aplicá-la em seu processo de vendas para melhorar a conexão com os clientes e aumentar as chances de sucesso.

Entendendo o SPIN Selling

O SPIN Selling é um método de venda consultiva que se concentra em entender as necessidades do cliente e apresentar soluções personalizadas que resolvam seus problemas. A metodologia consiste em fazer quatro tipos de perguntas:

Situação: Essas perguntas ajudam a obter informações básicas sobre o cliente e seu contexto. O objetivo é entender o ambiente em que o cliente opera e quais desafios ele pode enfrentar.

Exemplos de perguntas de situação:

Qual é o tamanho da sua empresa?

Quais são os principais produtos ou serviços que você oferece?

Quem são seus principais concorrentes?

Problema: As perguntas de problema têm como objetivo identificar as dificuldades e os desafios enfrentados pelo cliente. O vendedor deve tentar entender quais problemas o cliente está tentando resolver e como isso afeta seu negócio.

Exemplos de perguntas de problema:

Que dificuldades você está enfrentando em sua operação atualmente?

Você está satisfeito com o desempenho de seu produto ou serviço atual?

Que tipo de problemas seus clientes estão enfrentando?

Implicação: Essas perguntas exploram as consequências dos problemas identificados, permitindo que o vendedor demonstre a urgência de resolver as questões e como isso afeta o cliente.

Exemplos de perguntas de implicação:

Como esse problema afeta sua lucratividade?

Se esse problema não for resolvido, como isso impactará sua reputação no mercado?

Quais são as possíveis consequências a longo prazo se essa situação persistir?

Necessidade de Solução: As perguntas de necessidade de solução ajudam o cliente a perceber a importância de encontrar uma solução para seus problemas e a visualizar como a oferta do vendedor pode ser benéfica.

Exemplos de perguntas de necessidade de solução:

Que tipo de solução você acha que seria mais eficaz para resolver esse problema?

Se pudéssemos fornecer uma solução que atenda às suas necessidades, como isso beneficiaria sua empresa?

Qual é o valor para você e sua empresa se pudermos resolver esse problema?

Aplicando o SPIN Selling em seu processo de vendas

Agora que você compreende a metodologia SPIN Selling, é hora de aplicá-la em seu processo de vendas. Aqui estão algumas etapas para implementar com sucesso o SPIN Selling:

Preparação: Antes de entrar em uma reunião de vendas, prepare-se pesquisando sobre o cliente e seu negócio.

Faça perguntas abertas: Ao iniciar a conversa com o cliente, faça perguntas abertas para estimular a discussão e facilitar a identificação de suas necessidades. Isso permitirá que você adapte sua abordagem e ofereça uma solução mais personalizada.

Ouça atentamente: Durante a conversa, ouça atentamente o cliente e tome nota de informações relevantes. Isso demonstrará respeito e interesse genuíno, além de ajudá-lo a entender melhor as necessidades do cliente.

Adapte a abordagem SPIN: Dependendo das respostas do cliente, adapte a sequência e o foco das perguntas SPIN para garantir que você esteja abordando os problemas mais importantes e gerando valor.

Desenvolva soluções personalizadas: Com base nas informações coletadas, desenvolva soluções personalizadas que abordem os problemas identificados e demonstrem como sua oferta pode beneficiar o cliente.

Apresente sua solução: Ao apresentar sua solução, concentre-se nos benefícios específicos que ela trará para o cliente. Use as informações coletadas durante a conversa para enfatizar como sua solução aborda diretamente as necessidades do cliente.

Supere objeções: Esteja preparado para enfrentar objeções por parte do cliente e use as informações coletadas durante a conversa para fornecer respostas e soluções convincentes.

Fechamento: Ao final da conversa, trabalhe para obter um compromisso do cliente. Isso pode ser uma venda, um acordo para uma próxima reunião ou outra ação que mova o processo de vendas adiante.

Benefícios do SPIN Selling

A implementação da metodologia SPIN Selling em seu processo de vendas pode trazer vários benefícios, como:

Melhor compreensão das necessidades do cliente: Ao fazer perguntas direcionadas, você poderá entender melhor as necessidades do cliente e oferecer soluções mais personalizadas.

Relacionamento mais forte com o cliente: O SPIN Selling ajuda a estabelecer um relacionamento mais profundo e significativo com o cliente, já que se concentra em resolver seus problemas, em vez de apenas vender um produto ou serviço.

Aumento das vendas e da satisfação do cliente: Ao oferecer soluções que atendam às necessidades do cliente, você aumentará as chances de fechar a venda e deixar o cliente satisfeito.

Melhoria das habilidades de comunicação: A prática do SPIN Selling aprimora suas habilidades de comunicação, permitindo que você se torne um vendedor mais eficiente e persuasivo.

A metodologia SPIN Selling é uma abordagem poderosa que ajuda a entender melhor as necessidades do cliente e oferecer soluções personalizadas. Implementar essa estratégia em seu processo de vendas pode levar a um relacionamento mais forte com o cliente, aumentar as vendas e melhorar suas habilidades de comunicação.

Como utilizar a técnica BANT em vendas

A técnica BANT é uma das ferramentas mais conhecidas e amplamente utilizadas em vendas para qualificar leads e identificar oportunidades. Desenvolvida pela IBM na década de 1960, a sigla BANT representa os quatro critérios essenciais para determinar se um lead é uma boa oportunidade de venda: *Budget* (Orçamento), *Authority* (Autoridade), *Need* (Necessidade) e *Timeframe* (Prazo).

Entendendo a técnica BANT

A técnica BANT é um método para qualificar leads com base em quatro critérios-chave:

Budget (Orçamento): O cliente possui orçamento suficiente para adquirir o produto ou serviço oferecido?

Authority (Autoridade): A pessoa com quem você está se comunicando tem autoridade para tomar a decisão de compra, ou você precisa envolver outras partes interessadas?

Need (Necessidade): Existe uma necessidade real e identificável para o produto ou serviço que você oferece?

Timeframe (Prazo): Qual é o prazo do cliente para tomar uma decisão ou implementar a solução?

Ao avaliar esses critérios, você pode determinar se um lead é uma oportunidade de venda viável e se vale a pena investir tempo e recursos no processo de vendas.

Como aplicar a técnica BANT em vendas

Para utilizar a técnica BANT em vendas, siga estas etapas:

Faça perguntas específicas: Durante suas interações com o cliente, faça perguntas direcionadas para coletar informações sobre os quatro critérios BANT. Por exemplo, pergunte sobre o orçamento disponível, quem são os tomadores de decisão, quais são as necessidades específicas e qual é o prazo desejado para a solução.

Avalie as respostas: Analise as respostas do cliente e determine se eles atendem aos critérios BANT. Se todas as condições forem atendidas, o lead pode ser considerado uma oportunidade de venda viável.

Priorize leads qualificados: Ao identificar leads que atendem aos critérios BANT, priorize-os em seu pipeline de vendas e concentre seus esforços nesses clientes potenciais.

Adapte sua abordagem: Com base nas informações coletadas, adapte sua abordagem de vendas para atender às necessidades específicas do cliente e às condições BANT.

Acompanhe e ajuste: Monitore o progresso de seus leads qualificados por BANT e ajuste sua abordagem conforme necessário. Isso pode incluir o envolvimento de outras partes interessadas, a apresentação de diferentes opções de orçamento ou a adaptação de sua oferta para atender melhor às necessidades do cliente.

Benefícios de utilizar a técnica BANT

A técnica BANT oferece vários benefícios para a equipe de vendas:

Melhora a eficiência de vendas: Ao se concentrar em leads qualificados por BANT, sua equipe de vendas pode direcionar seus esforços para oportunidades com maior probabilidade de conversão, melhorando a eficiência do processo de vendas.

Aumenta a taxa de conversão: A técnica BANT ajuda a identificar leads com maior probabilidade de se tornarem clientes, o que pode levar a uma maior taxa de conversão.

Melhora a comunicação com o cliente: Ao fazer perguntas direcionadas e coletar informações importantes sobre o cliente, sua equipe de vendas pode desenvolver uma compreensão mais profunda das necessidades do cliente e personalizar a abordagem de vendas de acordo.

Facilita a previsão de vendas: Utilizando a técnica BANT, sua equipe de vendas pode prever de forma mais precisa as oportunidades de vendas e estimar melhor os resultados futuros.

Reduz o ciclo de vendas: Ao se concentrar em leads qualificados e eliminar aqueles que não atendem aos critérios BANT, sua equipe de vendas pode reduzir o tempo gasto em leads menos promissores e encurtar o ciclo de vendas.

Ajuda no desenvolvimento de produtos e serviços: A técnica BANT fornece informações valiosas sobre as necessidades dos clientes, ajudando sua empresa a identificar áreas de melhoria e oportunidades para desenvolver novos produtos e serviços.

A técnica BANT é uma ferramenta valiosa para qualificar leads e maximizar a eficácia de sua equipe de vendas. Ao aplicar a técnica BANT em vendas, você pode identificar as melhores oportunidades de venda, aprimorar sua abordagem de vendas e aumentar a taxa de conversão. Ao adotar essa estratégia, sua empresa estará no caminho certo para implementar um departamento de vendas vencedor.

Como utilizar o modelo GPCT para gerar vendas

O modelo GPCT é uma técnica poderosa que auxilia as equipes de vendas a identificar e compreender as necessidades dos clientes de maneira mais eficaz. A sigla GPCT representa *Goals* (Metas), *Plans* (Planos), *Challenges* (Desafios) e *Timeline* (Cronograma). Neste capítulo, abordaremos cada elemento do modelo GPCT e como aplicá-los para impulsionar as vendas.

O primeiro passo para utilizar o modelo GPCT é identificar as metas dos clientes. Compreender as metas dos clientes permite que os vendedores demonstrem como seus produtos ou serviços podem ajudá-los a alcançá-las.

Durante as conversas com os clientes, os vendedores devem fazer perguntas específicas para descobrir suas metas e entender como elas se relacionam com suas necessidades comerciais.

Em seguida, é importante explorar os planos que os clientes já têm em andamento para alcançar essas metas. Essa etapa envolve a investigação de quais estratégias e recursos os clientes estão utilizando atualmente e como sua empresa pode complementar ou aprimorar esses esforços.

Ao mostrar que sua solução se encaixa nos planos existentes do cliente, os vendedores aumentam as chances de fechar a venda.

Os desafios enfrentados pelos clientes também são um componente crítico do modelo GPCT. Ao identificar os obstáculos que impedem os clientes de atingir suas metas, os vendedores podem posicionar seus produtos ou serviços como soluções para superar esses desafios. Para fazer isso, os vendedores devem fazer perguntas que ajudem a revelar os desafios e entender como sua oferta pode ajudar a resolvê-los.

Por fim, a *timeline* é uma parte essencial do modelo GPCT. A compreensão do cronograma do cliente permite que os vendedores adaptem suas propostas e entregas de acordo com as expectativas do cliente. Além disso, entender o cronograma ajuda a equipe de vendas a priorizar as oportunidades de acordo com a urgência e o potencial de fechamento das vendas.

Ao aplicar o modelo GPCT, os vendedores podem criar uma abordagem de vendas mais personalizada e eficaz, concentrando-se nas metas, planos, desafios e cronogramas específicos dos clientes. Essa abordagem centrada no cliente facilita o desenvolvimento de relacionamentos mais fortes e duradouros, aumentando a satisfação e a lealdade do cliente.

Em conclusão, o modelo GPCT é uma ferramenta valiosa para impulsionar as vendas, permitindo que os vendedores compreendam melhor as necessidades e expectativas dos clientes.

Ao utilizar o modelo GPCT em suas interações com os clientes, sua equipe de vendas estará melhor preparada para apresentar soluções que se alinhem com as metas e desafios do cliente, melhorando assim a probabilidade de fechar vendas bem-sucedidas e implementar um departamento de vendas vencedor.

Estratégias para lidar com clientes em diferentes estágios do funil de vendas

O sucesso de um departamento de vendas depende da capacidade de compreender e atender às necessidades dos clientes em cada estágio do funil de vendas. Neste capítulo, abordaremos estratégias eficazes para lidar com clientes em diferentes estágios do funil de vendas, desde a fase de conscientização até o fechamento da venda.

Conscientização

No estágio de conscientização, os clientes estão começando a perceber que têm um problema ou necessidade. É fundamental que a equipe de vendas se concentre em atrair a atenção desses clientes em potencial, fornecendo conteúdo educacional e informativo que os ajude a identificar suas necessidades e a entender como sua empresa pode ajudar.

Estratégias para esta fase incluem:

Produção de conteúdo relevante e educativo, como blogs, e-books e vídeos;

Participação em fóruns e grupos de discussão onde os clientes em potencial possam estar procurando informações;

Utilização de mídias sociais e anúncios direcionados para atrair a atenção dos clientes em potencial;

Estabelecimento de parcerias com influenciadores ou líderes de opinião do setor para aumentar a visibilidade da marca.

Consideração

No estágio de consideração, os clientes já identificaram o problema e estão pesquisando soluções. O objetivo da equipe de vendas nesta fase é mostrar aos clientes em potencial que sua empresa é a melhor opção para resolver suas necessidades.

Estratégias para esta fase incluem:

Oferecimento de recursos avançados e detalhados e estudos de caso, que demonstrem o valor da sua solução;

Promoção de eventos, como workshops ou demonstrações ao vivo, onde os clientes em potencial possam experimentar sua solução em primeira mão;

Implementação de campanhas de e-mail marketing para nutrir os leads e mantê-los engajados com a marca;

Uso de depoimentos e referências de clientes satisfeitos para construir confiança e credibilidade.

Decisão

Na fase de decisão, os clientes estão prontos para tomar uma decisão e escolher a solução que melhor atenda às suas necessidades. O objetivo da equipe de vendas nesta fase é superar as objeções e fechar a venda.

Estratégias para esta fase incluem:

Fornecer propostas personalizadas que abordem as necessidades e objetivos específicos do cliente;

Oferecer incentivos ou descontos para encorajar a tomada de decisão rápida;

Realizar reuniões ou chamadas de vendas para abordar preocupações e responder a perguntas em tempo real;

Estabelecer um processo de acompanhamento eficiente para garantir que os clientes em potencial não fiquem sem resposta durante a tomada de decisão.

Pós-venda

Após a venda, é essencial continuar a nutrir o relacionamento com o cliente e garantir sua satisfação. Um cliente satisfeito não apenas fornecerá referências valiosas, mas também poderá se tornar um cliente recorrente.

Estratégias para esta fase incluem:

Fornecer suporte ao cliente de alta qualidade para resolver problemas e responder a perguntas prontamente;

Oferecer treinamento e recursos adicionais para ajudar os clientes a aproveitar ao máximo a solução adquirida;

Manter contato regular com os clientes por meio de e-mail, telefone ou visitas presenciais para garantir que suas necessidades estejam sendo atendidas e para identificar oportunidades de *upsell* ou *cross-sell*;

Solicitar feedback dos clientes e implementar melhorias com base em suas sugestões e necessidades.

Ao compreender e abordar as necessidades dos clientes em cada estágio do funil de vendas, a equipe de vendas estará bem posicionada para construir relacionamentos sólidos e duradouros com os clientes e, consequentemente, aumentar as vendas e o sucesso do departamento.

Para lidar com clientes em diferentes estágios do funil de vendas, é crucial adaptar sua abordagem e estratégia com base nas necessidades e desafios específicos de cada fase.

Ao fazer isso, a equipe de vendas pode garantir uma experiência mais personalizada e eficaz para o cliente, o que, por sua vez, leva a um maior sucesso nas vendas e na satisfação do cliente.

Como desenvolver a empatia em vendas

A empatia é uma habilidade essencial para os profissionais de vendas, pois permite que eles se conectem verdadeiramente com os clientes e entendam suas necessidades e preocupações.

Desenvolver a empatia em vendas é uma maneira eficaz de criar relacionamentos sólidos e duradouros, o que pode levar a um aumento nas vendas e na satisfação do cliente.

Primeiramente, é importante entender que a empatia não é apenas uma habilidade inata, mas também algo que pode ser aprendido e desenvolvido com o tempo. Para começar, os vendedores devem se concentrar em ouvir atentamente os clientes.

Isso significa dar total atenção ao que o cliente está dizendo, sem interrupções, e fazer perguntas para aprofundar a compreensão das preocupações e necessidades do cliente.

Outra dica importante para desenvolver a empatia em vendas é colocar-se no lugar do cliente. Isso envolve imaginar como seria estar na posição do cliente e como se sentiria diante das preocupações e desafios que estão enfrentando.

Essa perspectiva pode ajudar a equipe de vendas a compreender melhor as necessidades do cliente e oferecer soluções mais eficazes.

Além disso, a empatia em vendas pode ser aprimorada ao se trabalhar na comunicação emocional. Isso significa ser capaz de expressar e reconhecer emoções, tanto as suas próprias quanto as dos clientes.

Ao entender e validar as emoções do cliente, os vendedores podem estabelecer uma conexão mais profunda e autêntica, o que pode levar a uma maior confiança e satisfação do cliente.

É igualmente importante ser genuíno e transparente ao lidar com os clientes. Os vendedores devem evitar usar táticas manipuladoras ou desonestas, pois isso pode prejudicar a confiança e a empatia.

Em vez disso, é melhor ser honesto e aberto sobre as capacidades do produto ou serviço, bem como sobre os prazos e expectativas realistas.

Por fim, o desenvolvimento da empatia em vendas requer prática e tempo. Os vendedores devem se esforçar para incorporar a empatia em todas as interações com os clientes e buscar feedback para melhorar ainda mais suas habilidades.

Ao fazer isso, a equipe de vendas poderá criar relacionamentos mais fortes e duradouros com os clientes, o que, em última análise, levará a um maior sucesso nas vendas.

A empatia é uma habilidade fundamental para os profissionais de vendas, pois permite que eles se conectem verdadeiramente com os clientes e entendam suas necessidades e preocupações.

Desenvolver a empatia em vendas pode ser alcançado através da escuta ativa, colocando-se no lugar do cliente, trabalhando na comunicação emocional, sendo genuíno e transparente e praticando regularmente.

Ao incorporar a empatia em todas as interações com os clientes, a equipe de vendas estará bem posicionada para criar relacionamentos sólidos e duradouros, levando a um maior sucesso nas vendas.

Como parte do processo de desenvolvimento da empatia em vendas, é essencial que os profissionais de vendas também invistam em seu próprio desenvolvimento pessoal. Isso inclui trabalhar na inteligência emocional, habilidades de comunicação e na capacidade de gerenciar o estresse.

Ao desenvolver essas habilidades, os vendedores estarão mais bem preparados para lidar com as diferentes situações que podem surgir durante as interações com os clientes.

O feedback dos clientes é uma ferramenta valiosa para melhorar a empatia em vendas. Incentive os membros da equipe a pedir feedback aos clientes após as interações, especialmente se eles sentirem que a conexão emocional poderia ter sido mais forte.

Aprender com as experiências dos clientes e fazer ajustes nas abordagens de vendas pode ajudar a equipe a se tornar mais empática e bem-sucedida.

Além disso, é crucial criar um ambiente de trabalho que incentive e apoie o desenvolvimento da empatia. Isso inclui oferecer treinamento e recursos para os membros da equipe, bem como criar uma cultura organizacional que valorize a empatia e a conexão com os clientes.

Incentive os membros da equipe a compartilhar suas experiências e aprendizados uns com os outros, pois isso pode ajudar a reforçar a importância da empatia no processo de vendas.

Outra maneira de desenvolver a empatia em vendas é através da análise de casos de sucesso. Estudar exemplos de interações bem-sucedidas com os clientes e identificar os elementos-chave que levaram a esses resultados positivos pode fornecer uma visão valiosa para a equipe de vendas.

Ao analisar esses casos, os vendedores podem identificar áreas em que a empatia foi um fator crítico para o sucesso e aplicar essas lições às suas próprias interações com os clientes.

Por último, é importante lembrar que o desenvolvimento da empatia em vendas é um processo contínuo. Os vendedores devem estar sempre em busca de oportunidades para melhorar suas habilidades e aprender com os feedbacks dos clientes e colegas de trabalho.

Dessa forma, a equipe de vendas estará constantemente aprimorando sua capacidade de se conectar com os clientes e entender suas necessidades, o que, por sua vez, levará a um maior sucesso nas vendas.

Desenvolver a empatia em vendas é uma habilidade crucial para os profissionais de vendas, pois permite que eles criem conexões mais profundas e significativas com os clientes.

Através da escuta ativa, da comunicação emocional, do desenvolvimento pessoal e do aprendizado contínuo, a equipe de vendas pode aprimorar sua capacidade de ser empática e, assim, aumentar a satisfação do cliente e o sucesso nas vendas.

Ao investir no desenvolvimento da empatia, a equipe de vendas estará preparada para enfrentar os desafios das vendas e construir relacionamentos duradouros e bem-sucedidos com os clientes.

Técnicas para lidar com clientes difíceis

Lidar com clientes difíceis é uma parte inevitável do trabalho em vendas. No entanto, enfrentar esses desafios com paciência, habilidade e empatia pode transformar uma situação desafiadora em uma oportunidade de crescimento e sucesso.

Mantenha a calma e controle suas emoções

A primeira e mais importante regra ao lidar com clientes difíceis é manter a calma e controlar suas emoções. Respire fundo e lembre-se de que seu objetivo principal é resolver o problema do cliente e garantir sua satisfação. Evite levar críticas e reclamações para o lado pessoal e concentre-se em ouvir atentamente e responder de maneira profissional e objetiva.

Ouça atentamente

A escuta ativa é uma habilidade essencial para lidar com clientes difíceis. Preste atenção ao que o cliente está dizendo, faça perguntas para esclarecer suas preocupações e demonstre empatia por sua situação. Ao ouvir atentamente, você pode identificar a causa raiz do problema e começar a trabalhar em uma solução.

Valide os sentimentos do cliente

Validar os sentimentos do cliente é uma técnica eficaz para estabelecer *rapport* e criar uma conexão emocional. Reconheça as emoções do cliente e mostre que você entende sua frustração. Por exemplo, você pode dizer: "Entendo que você esteja chateado com a situação. Eu me sentiria da mesma forma se estivesse no seu lugar."

Seja empático e ofereça soluções

Depois de ouvir e validar os sentimentos do cliente, ofereça soluções práticas para resolver o problema. Mostre empatia e trabalhe em conjunto com o cliente para encontrar uma resolução que satisfaça a ambas as partes. Lembre-se de que o objetivo principal é garantir a satisfação do cliente e manter um relacionamento saudável e duradouro.

Estabeleça limites e mantenha a postura profissional

Embora seja importante ser empático e compreensivo, também é crucial estabelecer limites e manter a postura profissional. Se um cliente se tornar abusivo ou exigir soluções impossíveis, não hesite em estabelecer limites e comunicar suas expectativas de maneira clara e firme. Lembre-se de que você merece respeito e que manter a postura profissional é fundamental para o sucesso em vendas.

Aprenda com a experiência

Cada interação com um cliente difícil é uma oportunidade de aprendizado e crescimento. Analise a situação e identifique áreas em que você pode melhorar suas habilidades de comunicação, empatia e resolução de problemas. Compartilhe suas experiências com colegas de equipe e discuta estratégias para lidar com clientes difíceis no futuro.

Lidar com clientes difíceis pode ser um desafio, mas com as técnicas certas e uma abordagem empática e profissional, é possível transformar essas interações em oportunidades de crescimento e sucesso. Ao aplicar essas estratégias, você não apenas resolverá os problemas dos clientes, mas também criará relacionamentos sólidos e duradouros com eles.

Seja flexível e adaptável

Ao lidar com clientes difíceis, é importante ser flexível e adaptável em sua abordagem. Cada cliente é único e pode exigir uma estratégia diferente para resolver seus problemas e acalmar suas frustrações. Esteja disposto a ajustar seu estilo de comunicação e abordagem para atender às necessidades específicas do cliente.

Peça feedback

Pedir feedback aos clientes, mesmo aqueles difíceis, é uma excelente maneira de melhorar seu desempenho em vendas. Peça ao cliente para compartilhar suas percepções sobre a interação e o que poderia ter sido feito de maneira diferente. Essa informação é valiosa para o seu crescimento pessoal e profissional, bem como para aprimorar a abordagem de vendas da empresa.

Acompanhe e mantenha contato

Depois de resolver a situação com um cliente difícil, não se esqueça de acompanhar e manter contato. Isso mostra ao cliente que você se importa com sua satisfação contínua e está disposto a fazer o que for necessário para garantir que ele permaneça satisfeito. O acompanhamento também oferece a oportunidade de fortalecer o relacionamento e aumentar as chances de futuras vendas.

Invista em treinamento e desenvolvimento

Por último, mas não menos importante, invista em treinamento e desenvolvimento para melhorar suas habilidades de lidar com clientes difíceis. Participe de cursos, workshops e seminários sobre comunicação, resolução de conflitos e empatia. Aprender com especialistas e colegas de profissão é uma ótima maneira de expandir suas habilidades e aumentar sua eficácia em lidar com clientes difíceis.

Ao aplicar essas técnicas e investir em seu desenvolvimento profissional, você estará melhor preparado para enfrentar os desafios que os clientes difíceis apresentam e transformar essas situações em oportunidades de crescimento e sucesso.

Lembre-se de que o objetivo principal é garantir a satisfação do cliente e construir relacionamentos duradouros que beneficiem tanto o cliente quanto sua empresa.

Como usar *storytelling* em vendas

Storytelling em vendas é uma arte poderosa que pode ajudar a capturar a atenção dos clientes, estabelecer conexões emocionais e, por fim, levar a vendas bem-sucedidas. As histórias têm o poder de nos transportar e nos envolver, e quando usadas de maneira eficaz, podem ser uma ferramenta persuasiva e convincente em vendas.

Antes de tudo, é importante entender o que é o *storytelling*. Basicamente, o *storytelling* é a arte de contar histórias de maneira estruturada e envolvente. Em vendas, isso significa usar histórias para ilustrar os benefícios de seu produto ou serviço, superar objeções e criar uma conexão emocional com o cliente.

Para começar a usar o *storytelling* em vendas, siga estas etapas:

Conheça o seu público

Para criar histórias envolventes que ressoem com seus clientes, é fundamental entender quem eles são, quais são suas necessidades e desejos, e o que os motiva. Faça perguntas e ouça atentamente as respostas para obter insights valiosos que ajudarão a moldar suas histórias.

Identifique o problema

Uma história eficaz de vendas começa com a identificação de um problema que seu cliente está enfrentando. Esse problema deve ser algo que seu produto ou serviço possa resolver. Ao começar sua história com o problema, você estabelece um terreno comum e cria um senso de urgência.

Descreva a solução

Depois de identificar o problema, apresente a solução que seu produto ou serviço oferece. Mostre como a solução se encaixa nas necessidades e desejos do cliente e como ela pode melhorar sua vida. Use exemplos e detalhes vívidos para ajudar o cliente a visualizar os resultados que podem ser alcançados.

Compartilhe histórias de sucesso

As histórias de sucesso de clientes anteriores são uma ótima maneira de mostrar como seu produto ou serviço funcionou no passado. Compartilhe essas histórias para criar credibilidade e ajudar o cliente a imaginar como sua própria vida pode ser melhorada com a solução que você está oferecendo.

Envolva o cliente na história

Incorpore o cliente em sua história, fazendo perguntas e envolvendo-o na narrativa. Isso o ajudará a se conectar emocionalmente com a história e a se sentir mais investido na solução. Além disso, ouvir a perspectiva do cliente também pode fornecer informações valiosas que podem ser usadas para ajustar sua abordagem e melhorar suas chances de fechar a venda.

Pratique e refine

A prática leva à perfeição, e o mesmo vale para o storytelling em vendas. Pratique contar suas histórias várias vezes para garantir que a entrega seja suave e envolvente. Peça feedback a colegas e supervisores e ajuste sua abordagem conforme necessário.

Ao dominar a arte do storytelling em vendas, você pode criar uma conexão emocional com seus clientes, superar objeções e, em última análise, aumentar suas chances de fechar negócios bem-sucedidos. Aqui estão algumas dicas adicionais para aprimorar suas habilidades de storytelling:

Foque na qualidade, não na quantidade

Não sature seus clientes com histórias demais. Em vez disso, escolha uma ou duas histórias de alto impacto que sejam relevantes para o problema do cliente e que demonstrem os benefícios de seu produto ou serviço.

Use linguagem simples e direta

Ao contar uma história, evite o jargão técnico e use uma linguagem clara e direta que seja fácil de entender. Isso ajudará a garantir que sua mensagem seja compreendida e lembrada.

Seja autêntico

As histórias mais eficazes são aquelas que vêm do coração. Seja sincero e genuíno ao compartilhar suas histórias, e seus clientes perceberão sua autenticidade.

Estude grandes contadores de histórias

Aprenda com os melhores observando e estudando grandes contadores de histórias. Isso pode incluir palestrantes motivacionais, comediantes, autores e outros profissionais de vendas. Observe como eles estruturam suas histórias, envolvem o público e usam a linguagem para criar um impacto emocional.

Adapte-se às necessidades do cliente

Cada cliente é único, e suas histórias devem ser adaptadas para atender às necessidades e interesses específicos de cada indivíduo. Preste atenção às pistas verbais e não verbais que seus clientes fornecem e ajuste sua abordagem de storytelling conforme necessário.

Aprenda com seus erros

Nem todas as histórias serão bem-sucedidas, e isso é normal. Aprenda com seus erros e use esse feedback para melhorar suas histórias e abordagens futuras.

O *storytelling* é uma habilidade essencial para qualquer profissional de vendas. Ao aprender a contar histórias envolventes e emocionantes, você pode criar conexões mais profundas com seus clientes, superar objeções e impulsionar suas vendas.

Pratique e aprimore suas habilidades de *storytelling* e veja como essa poderosa ferramenta pode transformar sua abordagem de vendas e levar a um maior sucesso.

Como usar a gamificação para vender mais

A gamificação é uma técnica que utiliza elementos e mecânicas de jogos para motivar e engajar pessoas em atividades não relacionadas a jogos. No mundo das vendas, a gamificação pode ser usada para motivar a equipe, aumentar a produtividade e, consequentemente, vender mais. Logo, exploraremos como aplicar a gamificação para melhorar o desempenho da sua equipe de vendas e alcançar resultados incríveis.

A gamificação funciona porque aproveita a natureza competitiva das pessoas e seu desejo de melhorar. Ao incorporar elementos de jogos, como pontos, níveis, desafios e recompensas, você pode motivar sua equipe de vendas a se esforçar mais e se divertir enquanto trabalha.

Uma maneira eficaz de implementar a gamificação em sua equipe de vendas é estabelecer metas e desafios claros. Por exemplo, você pode criar um sistema de pontos onde os membros da equipe ganham pontos por atingir metas de vendas, fechar negócios ou concluir tarefas específicas. Esses pontos podem ser acumulados e trocados por recompensas, como prêmios, dias de folga ou outras vantagens.

Outra abordagem é criar competições saudáveis entre os membros da equipe. Você pode estabelecer metas mensais ou trimestrais e recompensar os vendedores que atingirem ou superarem essas metas. Isso não apenas promove um espírito de colaboração, mas também incentiva os membros da equipe a se desafiarem e buscarem a melhoria contínua.

A gamificação também pode ser usada para incentivar o desenvolvimento de habilidades e a aprendizagem contínua. Por exemplo, você pode criar um sistema de níveis onde os membros da equipe podem subir de nível ao completar cursos de treinamento ou participar de workshops.

Isso não apenas ajudará a melhorar as habilidades de vendas dos membros da equipe, mas também demonstrará seu compromisso com o crescimento e desenvolvimento profissional.

Para garantir que a gamificação seja eficaz, é crucial estabelecer um sistema de monitoramento e feedback. Acompanhe o progresso dos membros da equipe em relação às metas e desafios estabelecidos e forneça feedback regular sobre seu desempenho. Isso ajudará a manter a motivação e o envolvimento dos membros da equipe, permitindo que eles vejam como suas ações estão afetando os resultados.

A gamificação também deve ser flexível e adaptável às mudanças nas necessidades da equipe e do mercado. Esteja aberto a ajustar suas abordagens e metas conforme necessário e ouça o feedback dos membros da equipe para garantir que a gamificação continue sendo um motivador eficaz.

É essencial que a gamificação seja usada de maneira ética e responsável. Evite criar um ambiente de trabalho excessivamente competitivo ou pressionar os membros da equipe a alcançar metas inatingíveis. A gamificação deve ser usada como uma ferramenta para inspirar e motivar, não para punir ou criar um ambiente de trabalho tóxico.

A gamificação pode ser uma ferramenta poderosa para ajudar sua equipe de vendas a alcançar o sucesso e melhorar o desempenho. Ao implementar elementos de jogos, como metas, desafios, recompensas e competições, você pode criar um ambiente de trabalho divertido, envolvente e motivador para sua equipe.

Lembre-se de considerar a cultura e as necessidades específicas de sua equipe ao implementar a gamificação. Cada equipe é única e pode exigir abordagens diferentes para obter os melhores resultados.

Seja flexível e esteja disposto a ajustar sua estratégia conforme necessário para garantir que a gamificação continue sendo eficaz e benéfica.

Além disso, é importante comunicar claramente as regras e expectativas da gamificação para toda a equipe. Isso ajudará a garantir que todos compreendam o propósito e os benefícios do sistema e como ele funciona. A transparência e a comunicação aberta são fundamentais para garantir que a gamificação seja bem-sucedida e seja adotada por todos os membros da equipe.

Ao usar a gamificação de maneira eficaz e responsável, você pode ajudar sua equipe de vendas a alcançar novos patamares de sucesso. Com o tempo, você notará um aumento na produtividade, na satisfação no trabalho e nos resultados de vendas, levando a um departamento de vendas verdadeiramente vencedor.

Como manter a evolução contínua do departamento de vendas e se adaptar às mudanças do mercado.

No mundo dos negócios, a única constante é a mudança. Para garantir o sucesso contínuo de seu departamento de vendas, é essencial estar sempre evoluindo e se adaptando às mudanças do mercado. Aqui estão algumas dicas para ajudar a manter a evolução contínua do departamento de vendas e se adaptar às mudanças do mercado.

Esteja atento às tendências e mudanças do setor: Fique atualizado sobre as notícias, as tendências e os avanços tecnológicos em seu setor. Participe de eventos, seminários e conferências do setor para se manter informado e se conectar com outros profissionais de vendas. Isso ajudará você a identificar oportunidades e ameaças em potencial e ajustar sua abordagem de vendas de acordo.

Invista em treinamento e desenvolvimento: Forneça à sua equipe de vendas treinamento contínuo e oportunidades de desenvolvimento profissional. Isso os ajudará a aprimorar suas habilidades, aprender novas técnicas e se adaptar às mudanças no mercado. Promova uma cultura de aprendizado, encorajando a equipe a compartilhar suas experiências e conhecimentos uns com os outros.

Monitore o desempenho e os resultados: Estabeleça metas claras e mensuráveis para sua equipe de vendas e monitore o progresso em relação a essas metas regularmente. Analise os dados para identificar tendências e áreas de melhoria. Isso permitirá que você faça ajustes rápidos e proativos na sua estratégia de vendas conforme necessário.

Seja ágil e flexível: À medida que o mercado muda, você pode precisar ajustar sua abordagem de vendas e suas táticas. Esteja disposto a experimentar novas ideias e abordagens e a abandonar aquelas que não estão mais funcionando. Adotar uma mentalidade ágil e flexível permitirá que você se adapte rapidamente às mudanças e mantenha sua equipe de vendas no caminho certo.

Cultive a inovação: Incentive sua equipe de vendas a pensar fora da caixa e a propor novas ideias para melhorar as vendas e o atendimento ao cliente. Dê espaço para a experimentação e a criatividade e recompense aqueles que apresentam soluções inovadoras para os desafios enfrentados pelo departamento.

Mantenha a comunicação aberta: Promova um ambiente de trabalho onde a comunicação é valorizada e encorajada. Incentive sua equipe de vendas a compartilhar suas opiniões, preocupações e ideias. Isso ajudará a identificar rapidamente problemas e oportunidades de melhoria, permitindo que você faça ajustes em tempo real e continue evoluindo.

Adapte-se às mudanças no comportamento do consumidor: Com o avanço das tecnologias e das mídias sociais, o comportamento do consumidor está sempre mudando. Entenda as necessidades e expectativas de seus clientes e ajuste sua abordagem de vendas para atendê-las de maneira eficaz. Isso pode incluir o uso de novos canais de comunicação, a personalização de ofertas ou a adoção de novas estratégias de engajamento.

Use a tecnologia a seu favor: Implemente ferramentas e softwares de vendas que possam ajudar a automatizar processos, melhorar a comunicação e fornecer informações valiosas sobre o desempenho e as tendências de vendas. Isso ajudará a aumentar a eficiência do departamento e permitirá que você tome decisões mais informadas e orientadas por dados.

Colabore com outros departamentos: Trabalhe em conjunto com outros departamentos da empresa, como marketing, produto e suporte ao cliente, para criar uma abordagem integrada e coordenada para vendas. Isso ajudará a garantir que você esteja fornecendo uma experiência consistente e de alta qualidade para seus clientes em todos os pontos de contato.

Promova a resiliência: A mudança pode ser difícil e estressante para os membros da equipe. Ajude a promover a resiliência, incentivando o gerenciamento eficaz do estresse e o equilíbrio entre vida profissional e pessoal. Isso permitirá que sua equipe de vendas permaneça motivada e comprometida, mesmo em tempos de mudança e incerteza.

Avalie e refine continuamente: Faça avaliações regulares de sua estratégia de vendas e do desempenho do departamento para identificar áreas de melhoria e oportunidades de crescimento. Esteja disposto a ajustar sua abordagem e a experimentar novas estratégias para continuar evoluindo e se adaptando às mudanças no mercado.

Seguindo essas dicas, você pode garantir que seu departamento de vendas continue evoluindo e se adaptando às mudanças no mercado. Isso não apenas ajudará a manter o sucesso de sua equipe, mas também garantirá que sua empresa permaneça competitiva e relevante no cenário empresarial em constante mudança.

Conclusão

Ao longo deste livro, exploramos os elementos fundamentais para a criação e o gerenciamento de um departamento de vendas vencedor. Abordamos uma variedade de estratégias, técnicas e práticas recomendadas que, quando aplicadas adequadamente, têm o potencial de impulsionar o desempenho de vendas e aumentar a satisfação do cliente.

Com base em todos os capítulos, fica claro que o sucesso nas vendas não é resultado de um único fator. Em vez disso, é o resultado da combinação de várias práticas e abordagens, desde o uso de ferramentas e tecnologias modernas até a construção de relacionamentos sólidos e duradouros com os clientes. Cada elemento do departamento de vendas precisa ser cuidadosamente gerenciado e adaptado às necessidades específicas da sua empresa e do seu público-alvo.

Um departamento de vendas vencedor é aquele que consegue se adaptar às mudanças do mercado e evoluir continuamente. Portanto, é crucial que os líderes de vendas estejam sempre abertos a aprender, explorar novas abordagens e investir no desenvolvimento contínuo de suas equipes.

Ao implementar as estratégias e técnicas apresentadas neste livro, você estará dando um passo importante no caminho para criar um departamento de vendas vencedor. No entanto, lembre-se de que o sucesso é um processo contínuo, exigindo esforço, dedicação e compromisso de toda a equipe.

Ao manter-se atualizado sobre as tendências do mercado e continuar a investir no aprimoramento das habilidades da sua equipe, você estará garantindo um futuro de sucesso e crescimento contínuo para o seu departamento de vendas e para a sua empresa.

Se você chegou até aqui, agradeço por me ter acompanhado nesta jornada e espero, do fundo do coração, que todos os ensinamentos valiosos ensinados até aqui possa ajudá-lo a criar e manter um departamento de vendas vencedor.

Desejo a você e à sua equipe todo o sucesso e prosperidade em suas iniciativas de vendas futuras.

Joelmir Carvalho

Bibliografia

ALDRICH, H.; HERKER, D. Boundary spanning roles and organization structure. Academy of Management Review, v. 2, n. 2, p. 217-230, 1977.

CHALL, J.; SPINELLI, S. SPIN Selling: Situation Problem Implication Need-Payoff. New York: McGraw-Hill, 1988.

CONGER, J. A.; KANUNGO, R. N. Charismatic leadership in organizations. Thousand Oaks: Sage Publications, 1998.

GARTNER. Magic Quadrant for Sales Force Automation. Disponível em: https://www.gartner.com/en/documents/3986305/magic-quadrant-for-sales-force-automation. Acesso em: 20 mar. 2023.

GITOMER, J. The Little Red Book of Selling: 12.5 Principles of Sales Greatness. Austin: Bard Press, 2004.

GLOVER, J. The BANT Sales Qualification Method: The Ultimate Guide. Disponível em: https://www.jillkonrath.com/sales-blog/bant-sales-qualification-method. Acesso em: 20 mar. 2023.

GOLDENBERG, B. CRM in Real Time: Empowering Customer Relationships. Medford: Information Today, Inc., 2008.

HOPKINS, T.; SMITH, D. Mastering the Complex Sale: How to Compete and Win When the Stakes are High! Hoboken: John Wiley & Sons, 2010.

KAPLAN, R. S.; NORTON, D. P. The Balanced Scorecard: Translating Strategy into Action. Boston: Harvard Business School Press, 1996.

KOTLER, P.; KELLER, K. L. Marketing Management. 15. ed. Upper Saddle River: Prentice Hall, 2016.

NUTSHELL. The Complete Guide to GPCT: A Goal-Oriented Sales Approach. Disponível em: https://www.nutshell.com/blog/complete-guide-to-gpct/. Acesso em: 20 mar. 2023.

PINK, D. H. Drive: The Surprising Truth About What Motivates Us. New York: Riverhead Books, 2011.

RAINS, M. Using SWOT Analysis in Business Planning. Disponível em: https://www.businessknowhow.com/strategy/swot.htm. Acesso em: 20 mar. 2023.

RAVEN, B. H.; KRIEGER, R. M. Dyadic Interaction: An Exchange of Information Leading to Increased Understanding of the Other. In: ADLER, L. L.; TOWNE, L. (Orgs.). The Practice of Interpersonal Communication. New York: Prentice-Hall, 1970.

ROGERS, S.; LAFORGE, R. W. Entrepreneurial selling: The BARREL Model of sales training. Journal of Personal Selling and Sales Management, v. 20, n. 2, p. 125-136, 2000.

TREACY, M.; WIERSEMA, F. The Discipline of Market Leaders: Choose Your Customers, Narrow Your Focus, Dominate Your Market. Reading: Addison-Wesley, 1995.

VAYNERCHUK, G. Jab, Jab, Jab, Right Hook: How to Tell Your Story in a Noisy Social World. New York: HarperCollins Publishers, 2013.

WEINBERG, G. M. The Psychology of Computer Programming. New York: Van Nostrand Rein

ZIGLAR, Z. Secrets of Closing the Sale. New York: Berkley Books, 1984.

ZOLTNERS, A. A.; SINHA, P.; LORIMER, S. E. Building a Winning Sales Management Team: The Force Behind the Sales Force. Evanston: ZS Associates, 2011

ZWILLING, M. 10 Steps for Entrepreneurs to Master Emotional Intelligence. Disponível em: https://www.forbes.com/sites/martinzwilling/2013/12/15/10-steps-for-entrepreneurs-to-master-emotional-intelligence/. Acesso em: 20 mar. 2023.

www.ingramcontent.com/pod-product-compliance
Lightning Source LLC
Chambersburg PA
CBHW071133220526
45467CB00015B/935